JULIEN ARÈNE

Pendant

la Révolution

NANTUA

IMPRIMERIE ARÈNE

—

1905

JULIEN ARÈNE

Pendant

la Révolution

NANTUA

IMPRIMERIE ARÈNE

1905

AVANT-PROPOS

Ce ne fut pas, à Nantua, un coup de foudre. Depuis longtemps, les esprits étaient préparés aux événements. La petite ville avait lutté trop longtemps contre les ducs de Savoie, contre les prieurs, contre le roi même, pour qu'elle s'étonnât de la Révolution.

Les bourgeois, — oh ! de petits bourgeois, mais très jaloux de leurs prérogatives, de leur état mégissiers, cordonniers, drapiers, tanneurs, — avaient depuis longtemps secoué tous les jougs. Gens de progrès, ils avaient sous Louis XIII éclairé leurs rues étroites avec des lanternes suspendues à des potences, — lanternes qui furent remplacées, en 1790, par des reverbères plus grands et moins fumeux, — et, en 1687, à la suite d'un incendie qui avait consumé plusieurs maisons du quartier Saint-Michel, ils organisaient une compagnie de sauve-

teurs « munis de harpyes, harpons, sceaulx
et eschelles, pour combattre le feu ». A
côté d'eux, sur la terre de Saint-Claude,
les moines étaient omnipotents ; à Nantua, on ne se gênait nullement pour hous-
piller en public un religieux trouvé en
bonne fortune. Plus tard, on se plaignait
à la Cour quand la ville était menacé
d'un surcroît de garnison, on se plaignait
encore s'il était question d'augmenter
l'impôt, et, — chose rare alors, — on
était parfois écouté à Versailles.

Donc ce furent les bourgeois qui volontairement se mirent en tête du mouvement révolutionnaire. Les Jagot, les
Guinet, les Delilia, les Javognes, descendants de ceux qui avaient lutté pour
conserver les chartes et les franchises de
leur ville, furent les premiers à applau-
dir quand on renversa la monarchie.
Mais ils hésitèrent bientôt ; on verra plus
loin que l'adresse qu'ils envoyèrent à la
Convention fut trouvée trop modérée,
qu'ils tremblèrent quand la main de fer
d'Albitte pesa sur Nantua et sur le district, et comment deux des leurs, Jagot
et Guinet, crurent prudent de s'engager
« comme chirurgiens aux armées ». Plus
d'une fois, alors, un engagement sauva
les suspects de la guillotine.

M. Debombourg, ancien professeur au
Collège de Nantua, décédé vérificateur
des poids et mesures à Lyon, écrivit autrefois, après avoir consulté les parchemins de quelques particuliers et les archives des mairies, l'histoire des communes de l'arrondissement et de la ville
de Nantua. Il s'arrêta prudemment à

1789. L'affaire devenait délicate. Les descendants des terroristes, devenus impérialistes à tout crin, — comme ce pauvre Bacon-Tacon, — avaient des amis au pouvoir. On ne badinait pas aux ministères de l'Intérieur et de l'Instruction publique, où Duruy n'était pas encore entré, et citer les noms, relater les faits de la grande Révolution était extrêmement dangereux. A ce jeu, on risquait sa place et le reste...

Mais tout est changé ; il n'y a plus de censure impitoyable, plus de police secrète, plus de fait du prince, — quoi qu'en disent les réactionnaires, — et l'écrivain consciencieux et impartial peut dire ce qu'il sait : en haut lieu, on l'approuve ; et la foule, qui ne lit plus de romans-feuilletons, prend plaisir à la lecture des œuvres documentées et des faits historiques, grands ou petits.

C'est ce qui m'a poussé à écrire cet ouvrage, — le vingtième que je consacre à mon cher Bugey et à mon vieux Nantua, — et qui n'a d'ambition autre que celle de distraire ceux qui s'intéressent à la petite patrie et d'aller, plus tard, prendre une place modeste sur un rayon de la bibliothèque de la Société d'Emulation de l'Ain.

Julien ARÈNE.

28 Août 1904.

PENDANT LA RÉVOLUTION

———⋆———

I

En 1777, la ville de Nantua avait obtenu du Parlement de Bourgogne un arrêt condamnant Mgr François Bouvier-Démarest, seigneur prieur de Nantua, à lui rendre, à titre de restitution, une expédition « signée Brusley » de la transaction de 1445, — oui, l'expédition de cette fameuse transaction intervenue entre les libres bourgeois et le prieuré, rédigée par messires Bertrandi et Goyetti, clercs, notaires royaux, et Jean Goyffon, du Chevril, clerc, notaire à terriers de la chartreuse de Meyriat, qui établissait exactement les droits des bourgeois de Nantua représentés par leur municipalité établie, d'après les franchises, en 1119, sous Louis-le-Gros, — expédition demeurée introuvable lors de la discussion d'un procès relativement récent et qui, dit-on, aurait pu changer la face des choses.

Cette main-mise du prieuré sur un titre précieux donna l'éveil; aussi, le jour où les habitants de Nantua furent convoqués pour entendre la lecture de l'arrêt du Parlement, on décida qu'il serait enjoint à toute personne ayant des titres appartenant à la communauté de les restituer pour qu'ils soient enfermés dans une armoire à double clef dont l'une resterait entre les mains du maire et l'autre dans celle des syndics, après que l'inventaire en aurait été dressé par quatre notables. Ces notables furent M. d'Apremont, conseiller au Parlement de Bourgogne, Jean-Claude Challex-Chana-Ducoin, ancien officier d'infanterie, Claude Pommier, bourgeois, maître de postes, et Jean-Joseph Guinet, chirurgien juré.

On voit que les Nantuatiens voulaient conserver en lieu sûr des armes contre la royauté et le clergé, — précaution bien inutile, car la tourmente allait faire disparaître, dans un même tourbillon, les chartes, les titres et les terriers.

Le 2 mars 1778, le roi déclare nulle et non avenue une délibération prise par des habitants et la communauté de Nantua, — on ne disait pas encore la commune, — demandant la revision des anciens comptes « tant de l'octroi que du patrimoine, et qu'il soit pourvu à l'administration de ses revenus, à la suite d'une *cabale* organisée par les sieurs Butavand et Guinet ». Ordre est en outre donné à Butavand, procureur, et à Guinet, chirurgien, de ne plus assister aux assemblées de la communauté.

Par ordre du roi, une assemblée des notables est convoquée pour le 14 mars suivant. Il s'agit de nommer un syndic, en remplacement du sieur Morand, dont les fonctions sont finies. On a prévu, en haut lieu, que les électeurs s'abstiendraient pour protester contre la mesure prise envers Butavand et Guinet ; en conséquence, les absents, ou plutôt les protestaires, devront payer une forte amende, et cependant trente-sept électeurs préfèrent pour désobéir au roi payer l'amende ; ce furent Joseph Blanc, Honoré Billion-Bourbon, Albert Pergod, Claude-François Gros, Jacques Julliard, Victor Bachoud, Jean-Joseph Griot, Jean-Pierre Bilon, Jean-Pierre Griot, Joachim Vidal, Jean-Baptiste Vidal, Jacques-Joseph Leyssard, Jean-Baptiste Rigollet, François Bouvet, Claude Poisat, Louis-François Meiller, Jean-Baptiste Ducrest, Pierre-Joseph Maissiat, Pierre-Antoine Mutignon, Jean-Joseph Collet, François Julliard, Michel Cabanet, Pierre-Joseph Guinet, Jean-Antoine Leyssard, Joseph Bilon, André Husson, Paul Monet, Pierre Le Brument, Joseph-Abraham Meirier, Jean Robin, Jean-Claude Clément, Jean-François Butavand, Jean-Pierre Richard, Joseph-Abraham Ricanet, Jean-Pierre Ramel, Joseph Barbe et Jean-Antoine Barbe.

Nous avons donné ces noms parce que ce sont ceux des précurseurs de la Révolution, qui élirent comme maire, en 1789, ce même procureur Butavand à qui, en 1778, le roi défendait d'assister aux assemblées de la communauté de Nantua.

Du reste, les *cabaleurs* se réjouissaient *par ordre*, le 24 janvier 1779, de l'heureux accouchement de la reine ; par ordre ils donnaient « un témoignage d'allégresse, à l'exemple des autres villes du royaume » ; avec la milice en armes, ils allaient entendre le *te deum* chanté par le curé Goyffon ; par ordre ils illuminaient et « faisaient un feu de joie à la manière accoutumée ».

Quatorze ans plus tard, quelques uns des *cabaleurs,* dont nous avons parlé plus haut, allumaient un autre feu de joie, alimenté, celui-là, par les titres du prieuré, les nappes d'autel, les surplis, les étoles et les robes des bénédictins.

II

Le 10 mars 1789, les habitants de Nantua, nés français ou naturalisés, « compris dans le rôle des impositions de cette ville, composée de cinq cent vingt feux », se réunissaient en l'église paroissiale de St-Michel par devant Joseph-César Branche-Demerloz, avocat à la cour, « le plus ancien gradué en la Justice des terres de Nantua, tenant le siège à cause de l'indisposition de M. Prost, juge titulaire ».

Il s'agissait d'obéir aux ordres de Sa Majesté « pour la convocation et tenue des Etats Généraux du royaume », et de la nomination des députés chargés de porter à Belley le cahier des doléances, plaintes et remontrances desdits habitants. Pierre-Joseph Butavand, Jean-Joseph Guinet, Louis-François Meiller et

François Brachet furent désignés par la majorité des suffrages.

Voici *in extenso* le cahier des doléances des habitants de Nantua :

Le 10 mars 1789, à 9 heures du matin, les habitants de la ville de Nantua étant assemblés aux sons de la cloche et de la caisse, on dit qu'ils étaient pénétrés de reconnaissance pour la faveur qu'il a plu au Roi de faire à tous les sujets de son royaume de leur demander avis sur la manière qui serait la plus conforme à leurs intérêts pour les soulager et améliorer les finances d'Etat, que la permission qu'il leur a donnée les autorise à s'expliquer et à le faire supplier par les représentants de la commune de Nantua, qu'il lui plaise d'accueillir leurs vœux qui tendent :

1° Que la province du Bugey soit formée en quatre districts dont les chefs-lieux seront les villes de : Belley, Nantua, Seysselle et St-Rambert ; que, dans ces quatre districts et dans chacun d'iceux, il soit choisi un commissaire du tiers état, lesquels quatre commissaires feront la commission intermédiaire, et toujours en nombre égal avec ceux des deux premiers ordres. Cette commission sera toujours siégeant ; les membres qui s'absenteront ne pourront le faire que pendant trois mois et, pendant leur absence, ils seront remplacés par un des membres des états provinciaux du même district et du même ordre. Elle connaîtra de la perception des impôts, des travaux publics, ponts et chaussées, constructions et réparations des presbytères, et autres ouvrages généralement quelconque des communautés, veillera à la comptabilité des impôts, autorisera les communautés pour plaider et elles ne pourront le faire sans son autorisation, vérifiera et arrêtera les comptes des communautés en présence des auditeurs qu'elles auront choisis librement en assemblée générale qui ne pourront être des membres de la municipalité. Sur les arrêtés de la commission intermédiaire, les comptables pourront être contraints à payer le reliquat ; s'il y a appel à ses décisions, il sera porté par devant l'assemblée générale de la province qui s'assemblera chaque année au mois de mai et tiendra ses séances jusqu'à ce que les constestations soumises à son tribunal soient décidées, jusqu'à ce que le travail de la commission intermédiaire ait reçu sa sanction et jusqu'à ce que le travail du semestre suivant ait été préparé. Les membres de l'assemblée générale et provinciale, qui seront au nombre de quarante-huit, dont douze du clergé, douze de la noblesse et vingt-quatre du tiers état, seront choisis en nombre égal dans chaque district. Les districts seront égalisés, autant que faire se pourra, à raison de la population. La commission intermédiaire aura son siège dans la ville des quatre districts qui se rapprochera plus du centre de la province ; elle tiendra ses séances pendant quatre heures avant midi et autant après. Les honoraires des membres, soit de la commission intermédiaire, soit de ceux qui composeront l'assemblée générale, seront pris sur les fonds de la province et fixés à un taux d'après lequel ils n'éprouvent pas une perte en raison de leurs travaux ordinaires et cependant qui ne puissent pas tenter la cupidité.

Il sera nommé par l'assemblée générale un secrétaire qui sera aux ordres de la commission intermédiaire, ainsi qu'un receveur des impositions. Ce receveur donnera des cautions qui mettront la recette à l'abri de tout événement : l'un et l'autre sont révocables à la volonté de l'assemblée générale de la province et auront des gages qui seront réglés par l'assemblée.

Les membres de la commission intermédiaire seront amovibles et leurs fonctions ne pourront être prorogées au-delà du temps fixé par la loi, sous peine de nullité des actes qu'ils auraient fait après l'expiration de leur commission et de répondre personnellement des dommages et intérêts résultant des actes, exécution faite par eux sans caractère, quoique la province aurait consenti une prorogation qui ne pourra avoir lieu dans aucun cas, et il en sera de même à l'égard des officiers de la municipalité qui seront de même amovibles et dont les fonctions ne pourront être étendues au-delà du terme de leur commission. Les membres qui auront été en place dans les commissions intermédiaires et dans les municipalités ne pourront y rentrer qu'après deux ans de non exercice et ceux de l'assemblée générale seront élus chaque année en assemblée générale de leur ordre respectif.

Il ne pourrait être accordé aucune gratification, pension, immunité et autres dons que par les suffrages de l'assemblée générale.

2° Toutes les décisions ne feront loi qu'à la pluralité des suffrages recueillis par tête, les ordres assemblés, le suffrage par ordre devant être proscrit dans tous les cas et à jamais.

3° La province suppliera le Roi de s'abonner avec elle pour un impôt unique : en conséquence, la gabelle, qui est le fléau du cultivateur, sera supprimée : le sel, aussi que le tabac, seront des denrées commerçables. Toutes les autres impositions, telles que les octrois, dons gratuits, marques des fers, cuirs, cartons, or, argent, toiles, étoffes, et autres généralement quelconques seront également supprimés. Le contrôle, pour la sûreté des actes des notaires et des exploits, sera conservé. Les notaires seront tenus de laisser au bureau du contrôle une expédition de leurs actes collationnés et signés d'eux, et néanmoins ne pourront les dépositaires desdites expéditions en délivrer des extraits qu'au refus constaté des notaires qui auront reçu lesdits actes. Les droits de contrôle seront modérés et surtout simplifiés et rendus intelligibles pour que chacun puisse en connaître et sache ce qu'il doit payer avant de faire son acte.

4° Les propriétaires fonciers de biens immeubles, sans distinction de rang, d'état ni de qualité, seront imposés pour toujours par la voie de l'impôt territorial qui sera perçu en nature ou par celle du cadastre. Si l'on préfère ce dernier moyen, il sera fait une mappe géométrique de toutes les possessions, et pour l'évaluation d'icelles, on consultera le registre du contrôle des actes, depuis quinze ans. Cette opération éviterait mille procès dans la province, des querelles et des usurpations sans nombre et mettrait en culture plusieurs fonds dont les propriétés sont incertaines.

5° Les rentiers et le commerce seront imposés par le papier timbré.

6° Tous les devoirs seigneuriaux, bien établis et vérifiés d'après les titres consécutifs, seront remboursés à ceux qui les possèdent à un denier qui puisse les indemniser de leur privation, et si les droits ne sont rendus rachetables, il est essentiel de pourvoir à ce que les emphitéotes puissent s'assurer de la manière la moins dispendieuse des quotités qu'ils doivent à titre de feux ou autrement, rien n'étant plus arbitraire et plus difficile à établir que les redevances de cette nature et ordonner l'exécution de l'article 173 de l'ordonnance de 1539, concernant les minutes des terriers, laquelle ordonnance n'a reçu aucune exécution.

7° Les députés représenteront que 195 paroisses, dont le Bugey est composé, sont éloignées de la ville de Belley, située dans un angle de la province, de 16 à 18 lieues ; qu'une distance aussi considérable, surtout dans des chemins impraticables pendant quatre mois de l'année par l'abondance des neiges, empêche les habitants d'aller demander justice et fait péricliter leurs affaires ; que, pour obvier à ces inconvénients, il serait à propos d'établir un bailliage à Nantua situé au centre de la province, dont le ressort serait composé de la moitié de la province la plus à portée de cette ville. La demande que formeron les députés à cet égard doit souffrir d'autant moins de difficultés qu'en 1287, il en existait un à Montréal, distant d'une petite lieue de Nantua, sous le nom de bailliage des terres de montagnes, et qui fut détruit en 1401 avec la ville de Montréal, qui n'est aujourd'hui qu'un très petit village, lors des guerres d'Humbert VII, sire de Thoire, avec Philippe-le-Hardi, duc et comte de Bourgogne. Dans la citation de ce bailliage, il est dit que c'est pour la commodité des justiciables et à cause de l'éloignement de celui qui existait dans la capitale de la province. (Voyez Guichenon, page 72, et différents actes qui se trouvent dans les archives du comté de Montréal.) Ils représenteront encore qu'il serait à propos de créer une cour souveraine à Bourg-en-Bresse, pour la Bresse, le Bugey, le Pays de Gex et la Dombes, et demanderont l'exercice de la Justice, suivant les édits du 8 mai 1788.

8° La suppression du bureau des hypothèques et des officiers de jurés priseurs, des péages, fours, moulins et pressoirs banaux, à la charge de rembourser la première finance des seigneurs, qui en justifieront par bons titres, et, pour le remboursement, Sa Majesté **sera** suppliée de faire affermer tous ses droits pendant l'espace de trois années, pour le produit être employé à indemniser les propriétaires.

9° Que toutes les cours supérieures du royaume soient mi-parties, c'est-à-dire composée pour une moitié des membres de la noblesse, et l'autre moitié des membres du tiers état.

10° Le retour périodique des états généraux.

11° Le recrutement sur les frontières de tous les bureaux de douane, où seront dorénavant perçus les droits d'entrée et de sortie.

12° Il sera envoyé, dans les chefs-lieux de chaque district, un exemplaire de tous les édits et déclarations du Roy pour y être enregistrés et conservés, pour que chacun puisse en avoir connaissance et y avoir recours au besoin, ainsi que du cahier général des doléances de la province, dont il sera envoyé un exemplaire imprimé aux syndics de chaque communauté, afin que tous les sujets de la province puissent faire parvenir à leurs représentants les observations qu'ils croiront nécessaires.

Les habitants de la ville de Nantua présentent leurs doléances à l'assemblée générale de la province ; ils la prient d'y avoir égard et de faire insérer, dans les doléances générales, tout ce qui peut leur être utile et avantageux.

Fait dans l'assemblée générale, les an et jour que dessus. Et ont signé ceux des habitants qui le savent, et non les autres pour être illettrés, de ce enquis et requis.

Voici les noms des chefs de famille de Nantua qui signèrent ce cahier des doléances : Clerc, Jagot, Guinet, Butavand, Reydellet, Collet, Jantet, Machard, Courtois, Barbe, Robin, Mutignon, Reverchon, Gros, Pergos, Toinard, Griot, Allombert, Rigollet, Bilon, Barbe, Leyssard, Lépely, Alleygret, Chapel, Trépoz, Bachoud, Jacquet, Carrier, Levrat, Bernard, Moiret, Monet, Ballet, Bolley, Sonthonnax, Alleygret, Moiroux, Demaille, Reveilloux, Guichard, Velu, Husson, Vidal, Béatrix, Ricanet, Bouvet, Piquet, Gonnetand, Lyasse, Guillot, Laguet, Julliard, Maissiat, Musy, Guichon, Vénière, Clément, Genoud, Cabanet, Ramel, Lamotte, Thevenin, Mercier,

Martin, Guillot, Richerot, Choulet, Té-
tafort, Vuarin, Danton, Hugonnet, Moi-
roux, Curtet, Molinard, Lespinas, Guélin,
Baudin, Duraffour, Revoux, Chardeyron,
Perrin, Languedot, Buas, Mermet, Gar-
daz, Meinier, Dumond, Billion-Bourbon,
Secrétan, Aymard, Curvat, Morel, Sain-
toyen, Jayr, Richard, Gindre, Ricanet,
Buaz, Poncet, Caluaz, Verchère, Romand,
Lepetit, Cotisson, Pommier, Fontanier,
Poisat, Perret, Jacquemet, Gillot, Saxe,
Brachet, Blanc, Touillon, Chavand.

Des familles dont on a lu le nom quelques-unes ont encore des représentants
à Nantua, d'autres ont disparu, mais le
plus grand nombre a émigré dans les environs, à Oyonnax notamment.

III

Le 11 août 1789, les habitants de Nantua étaient convoqués en assemblée extraordinaire dans l'église des dames Augustines, — église qui se trouvait sur l'emplacement actuel de la sous-préfecture. Il s'agissait, ensuite de la remise faite par M. Jagot, fermier du prieur, des titres trouvés dans les archives des Bénédictins, de rédiger une adresse aux anciens sujets de la terre de Nantua.

Cette adresse, la voici :

Les habitants de Nantua, désirant donner une preuve non équivoque de l'amitié et de l'attachement qu'ils ont toujours portés aux habitants de la campagne et principalement à ceux qui composent les paroisses qui dépendent du prieuré et abbaye de Nantua, souhaitent la réunion générale et le concours unanime de tous les bons citoyens pour connaitre les différents titres auxquels ils ont autant d'intérêt qu'eux, les invitent à regarder la présente délibération comme une preuve d'amitié et de confraternité et de se réunir à eux pour le bien général qui ne s'opérera qu'avec la plus parfaite réunion et le concours unanime de tous les bons citoyens.

L'assemblée décide ensuite que deux députés seront envoyés dans chaque paroisse dépendant de la terre de Nantua, savoir :

MM. Guinet et Perret, à Port et à Brénod ;

MM. Reydellet et Butavand, à Lalleyriat ;

MM. le curé Laporte, Blanc et Chevron, à Montanges et à Champfromier ;

MM. Ducoin et Le Brument, à Saint-Germain, à Echallon et à Belleydoux ;

MM. Mercier et Brou, à Charix ;

Et dit que ces messieurs seront « chargés de prévenir et d'assurer les habitants de ces communautés que l'intention des Nantuatiens n'a jamais été d'empêcher les intéressés de s'instruire sur la nature des droits qu'ils peuvent avoir et sur la communication des titres qui y sont relatifs ».

En outre, les députés inviteraient les communautés à envoyer un homme d'affaires à leur choix pour venir prendre communication des titres qui les intéressent et qui sont déposés à l'hôtel de ville de Nantua.

Ces titres ont une telle importance que l'on décide qu'ils seront gardés par dix hommes, soit : 5 Nantuatiens et 5 envoyés des communautés, « pour établir l'égalité et une sûreté parfaite, les délibérants n'ayant rien tant à cœur que de prouver à leurs voisins qu'ils veulent vivre avec eux comme avec leurs frères et leurs amis et de la même manière qu'ils l'ont fait jusqu'à présent ».

Ces décisions s'expliquent par l'orage qui commençait à gronder, par la prétention des communautés de l'ancienne terre de Nantua d'entrer en possession des titres détenus par les prieurs qui avaient été remis à la municipalité de Nantua. En un mot, on avait peur, dans la *capitale*, « de l'état actuel de la fermentation circonvoisine », et l'on voulait « obvier aux suites fâcheuses qui pourraient en survenir ».

Du reste, les montagnards s'agitent ; malgré les rapports adressés à la maîtrise, « des dégradations immenses dans les forêts communes et surtout dans celles du Mont-Daim ne peuvent être arrêtées à cause des violences exercées par les auteurs de cette dégradation contre les gardes forêts ».

M. Prost, maire de Nantua, prenait en même temps un arrêté pour empêcher l'accaparement des grains, pour interdire aux marchands de se rendre sur les avenues, hors la ville, dans l'intention d'y acheter des denrées de toute espèce ; ordre était également donné aux bouchers de n'abattre les bêtes que dans la boucherie publique. « Après quoi, la viande devrait être exposée aux anneaux extérieurs de ladite boucherie afin de reconnaître si elle était en état d'être débitée ».

Le 16 août 1789, Joseph-Marie Truche
et Claude Savarin, députés de la paroisse
de Saint-Germain de Joux, Jean-Baptiste
Dubourget et Pierre-Joseph Vugier, députés du village de Port, Joseph Pernod,
François Berthet-Bondet et autre François Berthet-Bondet pour la paroisse
de Lalleyriat, venaient remercier les
habitants de la ville de Nantua de
« l'attention qu'ils ont eue de leur annoncer par des députations le dépôt forcé
des titres et papiers qui se trouvaient
dans les archives de M. le prieur et de
MM. les religieux de cette ville et de la
liberté que leur procurait ce dépôt, d'en
prendre connaissance si bon leur semblait et toutefois en présence des officiers
municipaux et des membres du conseil
permanent ont dit « qu'ils étaient parfaitement de l'avis de tous les citoyens
de Nantua qui était de prévenir M. Lombard de Mars, prieur de cette ville et en
cette qualité seigneur de la terre de
Nantua, et l'administrateur des biens
des religieux nommé par arrêt du conseil
du 28 mars 1788 pour qu'ils voulussent
bien se concerter entre eux pour mettre
en ordre les titres et papiers qui dépendent de leurs seigneuries, et ce en présence d'un ou plusieurs députés de villes
et paroisses dépendantes desdites terres,
aux fins de donner connaissance à tous
et un chacun de ceux qui pourraient les
intéresser afin de tranquilliser par cette
démarche nécessaire tous les emphytéotes
qui composent lesdites terres ».

On a vu que, sur les neuf paroisses composant la terre de Nantua en 1789, trois seulement avaient répondu à l'appel des Nantuatiens ; Charix, Echallon, Belleydoux, Montanges et Champfromier s'étaient abstenus, craignant peut-être un piège et se demandant si MM. les bourgeois de Nantua n'avaient pas l'intention de se substituer aux Bénédictins dans leurs anciens droits ; quant à Brénod, il regardait déjà du côté de Meyriat, dont la Chartreuse contenait des titres et terriers bien plus précieux pour lui que tout ce que pouvaient renfermer les archives du prieuré de Nantua.

Rappelons encore une fois que les communautés appartenant à la terre de Nantua étaient Port, Lalleyriat, Charix, Belleydoux, Montanges, Champfromier, St-Germain de Joux et Brénod. Le Poizat était compris dans la communauté ou paroisse de Lalleyriat ; quant aux Neyrolles, trop éloigné de l'enceinte de la ville dont il dépendait, à peine défendu par le « corps de garde » du Mont-Cornet, ce n'était qu'une annexe de Nantua ; pauvre annexe de quelques maisons groupées autour d'une chapelle dédiée à saint Clair, pillée en 1248 par les troupes d'Etienne II, sire de Thoire, décimée par la peste au XVIIe siècle, si bien qu'il n'y restait plus que 20 âmes en 1668. Les Neyrollans étaient mainmortables et taillables à miséricorde des prieurs, et sur la terre où ils végétaient, les bourgeois de Nantua avaient acheté du prieuré le droit de chasse et de pêche.

IV

Le 23 août 1789, ensuite d'une lettre de M. Delilia Decroze, député du Bugey, les habitants de Nantua se réunirent dans l'église des dames Religieuses dans le but de former une milice bourgeoise, instituée par décret de l'Assemblée nationale « pour le rétablissement de la tranquillité publique ».

Préalablement, on avait offert le commandement de cette millice à M. Delilia, chevalier de Saint-Louis, demeurant à Montréal « à la distance d'une demi-lieue, dont le mérite et les qualités personnelles sont généralement reconnues », et M. Delilia avait répondu « qu'il offrait de bon cœur la meilleure volonté, en tout ce qui pourrait dépendre de lui ».

Le 25 août, sur la place d'Armes, les

officiers municipaux et membres du Conseil permanent ont reçu le serment de M. Delilia et des autres officiers et sous-officiers, au nombre de 81 ! — On voit que l'amour du panache et du galon est de tradition dans les petites villes. — Ces quatre-vingt-un officiers jurèrent ensuite « de rester fidèles à la Nation, au Roi et à la Loi, et de ne jamais employer ceux qui sont sous leurs ordres contre les citoyens, s'ils n'en sont requis par les officiers civils ou les officiers municipaux ».

Le même jour, MM. Duhamel, capitaine, Duvaizeau, de Marescot et Jouffroy, lieutenants du détachement du corps d'artillerie de La Fère, en service à Nantua, prêtent le serment ci-dessus imposé par l'Assemblée nationale aux officiers de la milice comme aux officiers de l'armée, et de plus font jurer à leurs soldats de ne jamais abandonner leurs drapeaux, d'être fidèles à la Nation, au Roi et à la Loi, et de se conformer à la discipline militaire.

Le procès-verbal de la cérémonie se termine en ces termes :

Les officiers municipaux et membres du Conseil permanent profitent de cette circonstance pour manifester leurs vœux et celui de leurs concitoyens en offrant à MM. les officiers et soldats leurs remerciements et leurs reconnaissances de l'honnêteté et de la concorde vraiment patriotiques qu'ils ont mis dans tous leurs procédés à leur égard.

Arrête et que la présente adresse sera inscrite sur les registres de l'Hôtel de Ville pour servir de monument de l'union vraiment fraternelle qui a régné entre les militaires et les citoyens de cette ville.

Le 26 août, on s'aperçoit que le corps de garde de l'Hôtel de Ville est insuffisant, qu'il ne peut assurer une surveillance active sur les voyageurs et les voitures qui passent par la route ouverte derrière la ville (la rue Nationale d'aujourd'hui). Un emplacement avantageux pour ce corps de garde est une boutique appartenant au sieur Guinet, « devant laquelle la grande rue de la ville et la grande route se joignent ». *A l'instant,* il a été donné ordre à Jean Bergerat, bourrelier, qui occupe cette boutique, de la vider avant les cinq heures de relevée de ce jourd'hui, ce que sa femme a promis de faire, et en même temps il lui a été déclaré que si ladite boutique n'était pas vide à ladite heure, le Conseil le ferait faire à ses frais ».

Le *transport* du corps de garde eut lieu immédiatement, et MM. les officiers décidèrent « qu'il serait entretenu une sentinelle seulement devant l'Hôtel de Ville ».

Le transfert du corps de garde s'explique par ce fait que l'émigration commençait, que l'on prenait des précautions vis-à-vis des suspects, au point qu'il fut enjoint au sieur Reydellet, maître de la poste aux chevaux, de ne délivrer des chevaux aux voyageurs qu'après avoir justifié de la permission par écrit de prendre des chevaux de poste, qui leur aura été accordée par les officiers municipaux de cette ville, et à l'égard des autres voyageurs qui sont déjà en route, de n'en continuer la fourniture qu'après qu'ils auront justifié que leurs certificats ou passeports auront été visés par un officier public ou le commandant de la garde de Nantua.

Les circonstances deviennent graves.

« Il est réglé que le corps municipal s'assemblera tous les jours, à huit heures du
matin, sans préjudice des cas extraordinaires, pour concerter sur les divers objets que nécessiteront les circonstances
et notamment pour faire l'ouverture des
lettres qui lui seront adressées et régler
les réponses à faire ». Entre temps, à
titre de dédommagement, on a permis au
bourrelier Bergerat, privé de sa boutique, d'occuper pendant quatre mois l'ancien corps de garde de l'Hôtel de Ville,
et ce sans rétribution.

Nous reviendrons plus tard sur la milice bourgeoise nantuatienne.

Le 28 août, Mgr Duremberg, prieur,
pour et au nom de la Chartreuse de Meyriat, priait par lettre la municipalité de
Nantua d'engager le commandant du régiment d'artillerie en service dans cette
ville, « de lui envoyer un petit nombre
de ses militaires pour veiller à la sûreté
de sa maison qui a éprouvé, dans le courant de ce mois, différentes insurrections
et même des voies de fait de la part de
quelques communautés voisines et notamment de celle de Corcelles ». Mgr
Duremberg ajoutait que « l'adhésion que
l'on ferait à sa prière garantirait sa maison de nouvelles insurrections ».

La municipalité, prenant en considération cette demande, arrête que M. Duhamel, capitaine commandant du détachement, sera prié, et en tant que de be-

soin requis, d'envoyer à la Chartreuse de Meyriat six fusiliers, un caporal et un sergent pour les commander, qu'ils y demeureraient en service jusques au moment où l'on croira qu'ils peuvent être nécessaires à la ville de Nantua.

Le 4 septembre 1789, sur la demande de la municipalité de Nantua, M. de Gouvernet, commandant de la province de Bugey, donnait l'ordre au commandant du fort de l'Ecluse de remettre à la milice bourgeoise de Nantua 200 fusils au moins avec le même nombre de gibernes, et quelques sabres avec leurs baudriers.

Le 9 septembre, les armes furent remises par M. de Laurans, commandant du fort de l'Ecluse, à MM. Prost, Saxe et Chavant, envoyés de la municipalité.

Le 14 septembre, l'abbé de Saint-Sulpice, dont la maison était menacée par les campagnards des environs, comme le prieur de Meyriat demandait aide et secours à la municipalité de Nantua, qui décida de lui envoyer un sergent, un caporal et six fusiliers du détachement du régiment royal de La Fère, en garnison à Nantua.

Le 18 septembre, MM^{mes} de Chambin, Duglas, Ducoin, Maissiat et Demerloz, accompagnées de M. Laporte, curé de Nantua, se sont présentées dans la salle des délibérations de l'Hôtel de Ville et ont offert à la municipalité et à la milice nationale deux drapeaux, pour preuve de leur patriotisme. « Les officiers municipaux, pénétrés de la plus vive reconnaissance, ont accepté l'offre des dames de cette ville, en les priant d'accepter leurs sincères remerciements. »

En même temps, les officiers municipaux arrêtaient que, « pour faire la bénédiction des drapeaux, dont les dames de Nantua ont fait cadeau à la milice nationale de cette ville, M. le curé serait prié de vouloir bien se transporter, avec son clergé, dans l'église des Bénédictins, dimanche prochain, 20 du courant, laquelle église a été choisie par préférence à l'église de la paroisse, à cause de sa grandeur et de sa plus grande commodité ; qu'en conséquence, MM. les Religieux seront invités par un des membres de la municipalité de vouloir se prêter à cette circonstance ».

Voici le procès-verbal de la cérémonie :

Du 20 septembre 1789, les officiers de la municipalité et du Comité, à l'issue de la messe paroissiale, dite à l'effet de la bénédiction des drapeaux donnés à la milice nationale par les dames de cette ville, ont arrêté qu'ils dresseraient procès-verbal de cette cérémonie.

Les officiers susdits assemblés extraordinairement à l'Hôtel de Ville, à neuf heures du matin, furent accompagnés par un piquet de la milice et conduits à l'église, où ils trouvèrent la troupe sous les armes. M. Joseph Laporte, curé de cette ville, après avoir prononcé un discours, fit la bénédiction des drapeaux dans les formes ordinaires, et, après la cérémonie, lesdits officiers, accompagnés comme dessus, firent placer dans l'église paroissiale l'ancien drapeau, dans le sanctuaire à droite de l'autel, d'où ils se rendirent à l'Hôtel de Ville où ils reçurent le nouveau drapeau.

Le détachement d'artillerie de La Fère, commandé par M. Duhamel, a assisté à la cérémonie.

Le soir, il y eût une illumination de la ville, générale et volontaire.

V

Cependant la formation de la milice citoyenne, la discussion avec Belley pour l'annexion du Bugey à la Bresse, les émeutes qui grondaient devant les monastères, en attendant qu'elles en enfonçassent les portes, causaient moins d'inquiétude que la disette qui prenait d'effrayantes proportions.

L'Assemblée Nationale avait bien, les 19 août et 18 septembre, sanctionné deux décrets concernant la libre circulation des grains, mais les municipalités n'en tenaient guère compte. Les villes de Seyssel, Collonges, Ferney-Voltaire et d'autres villes du Pays de Gex, prétendant que Nantua détenait les blés amenés de la Comté, réclamèrent l'exécution des décrets. Nantua dut s'exécuter, mais en faisant ces réserves qu'on devait lui donner le dénombrement exact des habitants du Pays de Gex et des grains qui y existaient encore « provenant de leur sol et autres qu'ils ont tirés des provinces voisines pour ne leur en laisser extraire du marché de Nantua que la quantité nécessaire à leur subsistance, l'approvisionnement de la ville prélevé ». « Il ne sera délivré du bled, ajoute une délibération des officiers municipaux, qu'aux villes qui ont des marchés, tels que Châtillon-de-Michaille, Bourg, Seyssel, Collonges, Gex et Ferney, attendu que le voisinage de ces lieux sera tenu de s'y pourvoir. »

Cependant, plus d'une fois Nantua se laissa apitoyer, et quand des délégués de St-Genis-Pouilly vinrent lui faire humblement remarquer que Gex et Collonges lui refusaient quelques quartauts de grain, Nantua ouvrit largement son marché à la petite localité menacée de mourir de faim.

A un nouvel ordre de choses il fallait de nouvelles lois et une nouvelle police. La municipalité commença d'abord par débarrasser les rues de Nantua des « trous à chaux » qui les rendaient dangereuses dans les nuits mal éclairées par quelques reverbères placés aux carrefours ; elle ordonna aux habitants d'indiquer « à l'aide d'une lanterne » les matériaux ou le bois déposés devant leurs maisons; elle obligea les montagnards qui, avec leurs chariots chargés de branches et de queues de sapins, embarrassaient un peu partout la voie publique, à venir, seulement les mercredi et samedi de chaque semaine, se ranger, sur la place des Tilleuls (à côté de la place d'Armes actuelle), où fut créé le marché au bois qui existe encore aujourd'hui.

La sentinelle de garde à la porte de Genève fut chargée de veiller à l'exécution de l'arrêt de la municipalité. Du reste, depuis l'organisation de la milice citoyenne, ses hommes étaient employés à des services divers ; ils surveillaient le roulage, faisaient la police des rues, examinaient les passeports des voyageurs et conduisaient les suspects devant le Comité permanent ; elle patrouillait surtout avec les canonniers du détachement royal de La Fère pour s'assurer que cabaretiers et hôteliers se conformaient au règlement édicté par la municipalité et qu'ils chassaient impitoyablement les buveurs, quand neuf heures sonnaient au clocher de l'église Saint-Michel.

Comme on va le voir, les gardes nationaux ne furent pas toujours heureux dans leurs missions, et les hôteliers non plus que leurs clients n'eurent pas toujours le respect commandé au pompon et à la giberne.

Le 14 décembre 1789, la patrouille de la milice citoyenne et la garde des canonniers rencontraient, en l'auberge de Pierre Savarin, dit Pétré, des particuliers qui y buvaient pendant les vêpres ; elles se transportaient ensuite chez le sieur Jean-Pierre Billon où elles trouvaient des particuliers qui jouaient au billard, aussi pendant les vêpres de la paroisse. « Sur les présentations faites par ladite patrouille soit aux personnes trouvées chez le nommé Pierre Savarin, dit Pétré, soit à celles trouvées dans le Billard du sieur Billon qu'ils contrevenaient aux règlements de police, lesdits particuliers auraient insulté ladite patrouille ; lesdits Savarin et Billon mandés, seraient survenues leurs femmes qui auraient dit savoir : celle de Savarin que son mari était au bois, celle du sieur Billon que son mari était absent, et qu'ils n'étaient pas maîtres de faire sortir de leurs maisons les personnes qui y étaient. »

Le 15 de ce même mois d'août 1789, la patrouille, « tant de la milice nationale que de l'artillerie, s'étant transportée, sur les dix heures du soir, dans la maison du sieur Billon, pour y faire sortir les personnes qui jouaient au billard, sur les réquisitions de sa fille, il avait été jeté un pot de chambre sur les soldats lorsqu'ils sortaient de ladite maison ».

« Les officiers municipaux ayant égard aux procès-verbaux ont condamné Pierre Savarin, dit Pétré, à l'amende de 25 livres et à tenir prison pendant vingt-quatre heures, et le sieur Jean-Pierre Billon à la somme de 50 livres et qu'il se rendra à la prison du corps de la milice et qu'il la gardera pendant vingt-quatre heures. Les officiers municipaux font défense aux nommés Pétré et Savarin de récidiver sous plus grande peine. »

Ils ne badinaient pas les conseillers municipaux de 1789 : de l'amende et de la prison à des hôteliers qui n'étaient pas présents quand leurs clients jouaient au billard pendant les vêpres, et pour un pot de chambre jeté on ne sait par qui, c'était dur, et Savarin et Billon en eussent appelé, s'il y avait eu, à cette époque, des juges ailleurs qu'à Nantua.

Pour en finir aujourd'hui avec la milice citoyenne, disons que M. Delilia, de Montréal, dont la santé était chancelante, avait donné sa démission de colonel, et qu'il avait été remplacé par M. de Pradon, dont on devait séquestrer les biens trois ans plus tard.

VI

Le 27 octobre 1789, M. de Jacob, aumônier titulaire du chapitre noble Saint-Pierre de Nantua, annonçait aux officiers municipaux de Nantua que l'extinction de l'Ordre des Bénédictins de l'ancienne observance de Cluny le mettait dans le cas de quitter la ville de Nantua pour fixer ailleurs son domicile et qu'en conséquence il leur remettait le soin de distribuer les aumônes que d'après arrêt du Parlement de Bourgogne du 6 juin 1666 lui délivrait annuellement cette ville, soit :

45 quartauts de froment qui produisent 290 mesures du poids brut de 32 livres chacune.

7 grands quartauts d'avoine, qui valent 86 mesures.

12 ânées de vin et 20 florins d'argent qui valent 8 livres *tournoises*.

M. de Jacob ajoutait qu'il cédait encore la maison désignée sous le nom « *d'auspice* » (*).

Les officiers municipaux acceptèrent avec reconnaissance l'abandon fait par M. de Jacob, et décidèrent de réunir aux aumônes à eux confiées par M. de Jacob différentes aumônes dues par les Religieux et des particuliers de Nantua et les fonds confiés aux dames de charité « parce qu'il serait possible d'en tirer un parti plus avantageux ».

Le 2 février 1790, les officiers municipaux de Nantua, sous la présidence de leur maire Pierre-Joseph Butavand, prenaient la résolution de convoquer dans le moment une assemblée pour prévenir les effets fâcheux d'un *tumulte* causé par le défaut d'intelligence entre les citoyens. Il ne s'agissait rien moins que d'une émeute à la suite de laquelle des Nantuatiens, qui avaient démoli la clôture d'un jardin dont jouissait ci-devant M. de Jacob, aumônier du chapitre de Nantua, avaient été mis en prison par la maréchaussée.

Le 3 février, il a été unanimement délibéré par les citoyens assemblés en grand nombre dans l'église paroissiale qui effrayés des suites que peut occasionner le trouble dans lequel se trouvent quelques-uns de leurs concitoyens à l'occasion d'une procédure qui s'instruit contre eux au tribunal de la maréchaussée de Belley, à raison des voies de fait commises dans le jardin dont jouissait M. Jacob, religieux du chapitre de cette ville, protestent avec confiance à l'auguste Assemblée Nationale que plusieurs habi-

---

(*) J'ai laissé parfois l'orthographe des titres dans lesquels j'ai puisé ; c'eût été par exemple ridicule de déflorer le document suivant, qui a trait à la démolition des murs de l'aumônier M. de Jacob.

tants de la ville de Nantua ont eu le malheur, le neuf du mois d'août dernier, de se livrer à des excès dont ils ne se permettent aucun détail; que l'aveu qu'ils font, aussi sincère que repentant, de voies de fait dont ils se sont rendus coupables, joint aux sentiments de patriotisme qui les animent et dont ils se font honneur de rendre le témoignage le plus authentique, les flattent du doux espoir de trouver grâce devant des juges dont ils osent solliciter l'indulgence, que l'erreur du moment, l'exemple toujours dangereux des insurrections que des gens mal intentionnés se sont efforcés de rendre générales dans le royaume pour favoriser leurs intérêts particuliers et s'opposer aux vues bienfaisantes des augustes Représentants de la Nation française, les ont séduits et les ont plongés, — ils le disent avec toute l'énergie de vrais patriotes, — dans un aveuglement dont ils déplorent les malheureux effets; que les sentiments dont ils sont pénétrés en réfléchissant sur leurs écarts et sur l'injustice des procédés dont ils ont eu l'imprudence de faire usage pour se procurer la jouissance des droits que leurs concitoyens leur réclamaient depuis des siècles devraient les obliger à garder un profond silence; mais la situation désastreuse dans laquelle ils se trouvent excitant leurs justes alarmes, et considérant avec le sang-froid d'un vrai repentir les dangers qui les menacent, ils croient représenter que la place sur laquelle ils ont commis des voies de fait, considérée depuis longtemps comme une propriété publique, était généralement regardée, à raison de la clôture qui lui servait d'enceinte et de sa situation vraiment dangereuse à l'entrée de la ville, comme autant d'obstacles à la sûreté et à la liberté des communications; que, depuis longtemps, bercés dans le vain espoir de jouir des avantages dont ils étaient privés, ils avaient profité, pour s'en procurer la jouissance, de ce moment critique d'effervescence générale où l'oubli des lois les avait conduits à celui de leurs devoirs les plus sacrés; que néanmoins les actes auxquels ils se sont abandonnés se sont bornés à la démolition des murs d'un jardin et qu'ils n'en ont commis aucun qui fût attentatoire à la personne du possesseur ou de tous autres.

Ce particulier, même, convaincu sans doute de l'égarement des concitoyens, méritait des égards par le motif qu'il avait occasionné, les a manifestés dans un acte public en se départant envers et contre tous de toute répétition en dommages-intérêts quelconques; dans ces circonstances, lesdits habitants de la ville de Nantua supplient l'auguste Assemblée Nationale de vouloir bien solliciter la grâce et le pardon de tous ceux qui se sont rendus coupables de cet excès et faire ordonner l'élargissement provisoire des nommés Jacquet, Musy, Cocquat, Berthet dit Bondet et Mermillon gémissant dans les horreurs d'une prison où ils sont détenus pour le même fait depuis le 15 du mois de septembre dernier, sous leur caution juratoire de se représenter à toute réquisition ; les habitants se permettent de représenter que les particuliers détenus ont rendu des services essentiels à la chartreuse de Meyriat, voisine de Nantua, pour la garantir et la défendre contre les invasions réitérées de ses voisins.

Ils espèrent que les augustes Représentants de la Nation française voudront bien jeter un regard favorable sur l'objet de leurs supplications, faire jouir leurs concitoyens des mêmes grâces qui ont été accordées dans plusieurs provinces du Royaume, et notamment dans celles du Dauphiné et du Mâconnais qui les avoisinent, et user d'indulgence envers des citoyens que l'erreur d'un moment a plongés, eux et leurs familles, dans la désolation la plus profonde, et qui font serment de verser jusqu'à la dernière goutte de leur sang pour le maintien de la liberté française et de la nouvelle Constitution du Royaume.

Une députation composée de MM. Laporte, curé de Nantua, Meillier, avocat, membre du corps municipal, et Prost, avocat, citoyen de Nantua, fut envoyée à Belley, pour inviter et prier MM. les officiers du siège de la maréchaussée à suspendre l'instruction et les poursuites qui se faisaient à l'occasion du délit, jusqu'à ce qu'il ait été fait droit sur le mémoire qui avait été adressé à l'Assemblée Nationale par le premier ordinaire.

Nous reviendrons sur l'affaire dite « des murs de l'aumônier Jacob », qui n'eut sa solution qu'en avril 1790.

Pour en finir avec l'année 1789, disons que quelques faits peu importants sont cependant à enregistrer dans ses derniers mois :

A un rappel du décret de l'Assemblée Nationale ordonnant aux municipalités de veiller au recouvrement des droits subsistants, que tous les citoyens étaient tenus d'acquitter, la municipalité de Nantua avait répondu que « le 11 du mois d'août dernier, quelques cabaretiers avaient obligé, pendant l'absence de son père, le sieur Claude Lepely, fils du sieur Étienne Lepely, préposé à la recette dudit octroi, à leur remettre les registres destinés à la perception ; que ledit sieur Étienne Lepely, mandé à l'hôtel de ville, avait répondu « que par suite de l'enlèvement forcé du 11 août dernier il ne pouvait se soumettre à faire bons les paiements des quartiers de juillet et d'octobre, attendu l'impossibilité d'exercice pour la perception des droits dans ces temps d'insurrection, qu'attendu aussi que les esprits se ressentent de ces troubles, et que les commis effrayés refusent d'exercer ».

Du reste, le ravage des forêts continuait, et quand ce n'étaient pas les montagnards, c'étaient « les vénérables prieur et religieux de la Chartreuse de Meyriat, qui, depuis le décret de l'Assemblée Nationale mettant les biens du clergé à la disposition de la Nation, faisaient des coupes blanches dans les bois dépendant de la Chartreuse ».

Les membres du Comité, Secrétant, Thevenin, Chevron, Pergos et Barbe, furent chargés de vérifier les *dégâts* et de constater le nombre d'arbres abattus marqués du marteau de la Chartreuse ; ces délégués, dans la crainte sans doute d'être attaqués par les montagnards, décidèrent de se faire accompagner par un piquet de la milice nationale.

VII

Le 1ᵉʳ janvier 1790, les citoyens Jean-
Baptiste Jagot, conseiller du Roi, con-
trôleur au grenier à sel de Nantua, Fran-
çois-Alexis Perret, avocat à la Cour,
François Brachet, négociant, Etienne
Lepely, négociant, François Jagot, négociant, Jacques Mercier, négociant,
Pierre Le Brument, Claude-Joseph Thevenin, Jean-Pierre Bilon, négociants,
Jean - François Guichon, procureur,
Pierre-Joseph Butavand, notaire royal,
ont requis Joachim Barbe, secrétaire de
l'Hôtel de Ville et du Comité de Nantua,
de leur présenter le registre qui a dû
être formé pour recevoir la déclaration
du quart de revenu de chaque citoyen,
en vertu du décret de l'Assemblée Nationale du six octobre dernier, attendu

que l'intention des comparants était de faire la déclaration ordonnée par cette loi, et qu'ils n'auraient pas attendu jusqu'à ce jour, s'ils avaient été avertis de l'existence dudit registre. Joachim Barbe a répondu qu'il ne croyait pas qu'un registre de déclaration du quart de revenu ait été fait, qu'il ne lui en a été remis aucun, et que, par conséquent, il ne pouvait le présenter.

Les comparants demandèrent alors des explications à la municipalité, et la municipalité répondit que, si elle n'avait pas travaillé au registre nécessaire aux déclarations du don patriotique du quart de revenu, c'est qu'elle attendait de jour en jour une instruction donnée par le Roi sur la forme et l'exécution des déclarations, et que cette instruction était la seule cause du retard.

L'excuse était mauvaise ; on le fit bien voir aux élections du 25 janvier suivant : Jean-Baptiste Jagot ne fut pas réélu maire, et ce fut Pierre-Joseph Butavand qui fut nommé à sa place. Le même jour, le citoyen Butavand prêta le serment « de maintenir de tout son pouvoir la constitution du royaume, d'être fidèle à la Nation, à la Loi et au Roy, de choisir en son âme et conscience les plus dignes de la confiance publique et de remplir avec zèle et courage les fonctions civiles et politiques qui pourraient leur être confiées ». Le citoyen Jean-Louis Courtois, notaire royal, nommé secrétaire, fit la même déclaration.

La négligence qu'avait apportée l'assemblée communale présidée par Jean-

Baptiste Jagot ne fut pas le seul grief des habitants de Nantua, qui reprochaient aussi à ses officiers, — on ne disait plus *syndics* et on ne disait pas encore *conseillers*, — de ne pas s'opposer à la dévastation des forêts. D'après les procès-verbaux, les arrêtés pris par la municipalité avaient eu peu de succès, et les *dégradateurs*, après avoir ravagé les bois des communautés, s'en prenaient maintenant aux bois des particuliers, arrachant jusqu'aux souches, « quoique lesdites souches ne soient pas mortes puisque la qualité de leur bois fournit de nouveaux rejets ». La nouvelle municipalité décida de faire saisir, à la porte de Genève, les bois de maraudes et chargea le commandant de la milice nationale de prêter main-forte à l'exécution des saisies et de faire des patrouilles, tant de jour que de nuit, pour arrêter les délinquants.

Le 30 janvier, M. le maire de Nantua annonce à l'assemblée communale que, par suite de la sécularisation de MM. les Bénédictins, et d'après les instructions qui lui avaient été données de vive voix par M. de Castillon, grand vicaire de Mgr l'archevêque de Lyon, le service divin serait transporté dans l'église desdits Bénédictins, et que cette translation est d'autant mieux fondée que la petitesse du local de l'église paroissiale, son abord difficile et son état de vétusté étaient un obstacle invincible à l'exercice journalier du service divin.

Cette sécularisation du chapitre noble Saint-Pierre de Nantua de l'ancienne

observance de Cluny, le maire Butavand
et les officiers municipaux déclarèrent
ne l'avoir connue que par la voix publique, ils ajoutèrent qu'ils n'avaient pu
obtenir des anciens officiers municipaux
la notification de la sécularisation ; en
conséquence, on dut donner lecture à la
municipalité des pièces de la procédure,
entre autres du bref du 4 juillet 1788
portant suppression, extinction des maisons de la conventualité de l'ancienne
maison de Cluny. Le procès-verbal de
la séance est ainsi terminé :

« Les comparants ont dit qu'ils ne
s'opposaient point à cette sécularisation,
puisqu'elle paraît être certaine, et que la
ville de Nantua ne peut être dédommagée
de la perte qu'elle fait de ce chapitre que
par la satisfaction qu'elle éprouve de
voir rendre à la Société des ecclésiastiques dont elle était privée, — et qui
peuvent lui être utile en prêtant leur
ministère aux différentes fonctions que
la puissance ecclésiastique voudra bien
leur confier ».

Le 1er février, le maire Butavand et
les officiers municipaux Clerc, Maissiat,
Mellier, Robin, Jagot et Jantet envo-
yaient l'adresse suivante à l'Assemblée
Nationale :

Appelés par le choix de leurs concitoyens pour remplir des fonctions qui sont le témoignage le plus éclatant de leur confiance, aussi animés du désir de s'en
rendre dignes que pénétrés de l'importance des devoirs
qui leur sont imposés, les officiers municipaux de la
ville de Nantua s'empressent d'offrir à l'auguste Sénat
de la Nation française l'hommage de leur respect et de
leur soumission la plus profonde pour tous ses décrets,
et leurs vœux aussi ardents que sincères pour la pros-
périté de ses honorables membres.

La municipalité, pour remplacer l'aumônier M. de Jacob, avait chargé le citoyen Jean-Pierre Ramel de distribuer aux pauvres, les lundi et vendredi matin, l'aumône « appelée vulgairement *prime* », consistant en un morceau de pain, dont la totalité représentait cinq mesures de blé. Jean-Pierre Ramel ne fut pas très heureux dans la fonction à lui confiée, car, le 5 février, — il y avait un mois à peine qu'il distribuait la prime, — il déclara à l'Hôtel de Ville « que cette fonction lui devenait pénible et même dangereuse, parce que les pauvres qui viennent la recevoir l'insultent et l'accusent de la retenir à son profit ». Comme suite de cette déclaration, la municipalité décida de suspendre la distribution de l'aumône dite *prime ;* puis revenant sur sa première décision, elle décida que la *prime* serait répartie entre les plus nécessiteux par les citoyens André Aimard, Bruno Chapel, Jean-Baptiste Maissiat et Bernardin Toinard « assistés du commandant de la garde nationale ».

Nos bureaux de bienfaisance modernes n'en sont pas encore là.

Le 12 février, Jean-Baptiste Guignard, sergent de la municipalité, à la requête du procureur de la commune, donna assignation, pour le 14 du même mois, aux ci-devant privilégiés possédant propriétés, facultés et exploitations rière le territoire de Nantua d'avoir à comparaître dans la grande salle de l'Hôtel de Ville, à l'effet de convenir et nommer les assesseurs qui doivent procéder, conformément au décret de l'Assemblée Nationale du

26 septembre 1789, à l'imposition des ci-devant privilégiés, dont voici les noms :

Jacques-Marie Molinard ; Reydellet, maître de poste ; François Brachet ; Louis-Archambaud de Douglas ; dame Marie-Josephte Perruquet, veuve Reydellet ; les Dames Religieuses ; Claude-François Secrétan ; Louis-Agrier Maurier ; Jean-Baptiste-Hilaire Blanc ; M. de Lombard, tant pour lui que comme fondé de pouvoirs de M. David, administrateur des biens du Chapitre ; Laporte, curé de Nantua ; les Administrateurs de la Confrérie ; le Directeur du Collège Saint-Joseph ; Pierre Le Brument ; Louis-Balthazar-Frédéric Prost ; François Allombert ; Mme d'Apremont ; Joseph Boulet l'invalide ; Pierre Curtil ; Honoré Revoux ; Georges Mathieu ; Joseph-Abraham Bilon ; Collet l'invalide ; Dutour ; de Serézin ; de Reydellet d'Izernore ; les héritiers de Claude Collet ; M. de Jacob.

VIII

La séance du 4 février 1790 de l'Assemblée Nationale eut un grand retentissement dans toutes les communes de France. A Nantua, la municipalité résolut de fêter l'événement ; voici, du reste, le compte rendu de la cérémonie, avec les discours obligés :

« Le 21 février 1790, les Maire et Officiers municipaux de la ville de Nantua, avec le Procureur et le Secrétaire, se sont rendus sur la place d'Armes, précédés de la musique et des tambours, Moiroux et Monet, et des sergents Guignard et Bilon, précédés d'un détachement de la garde nationale à qui on avait remis les drapeaux déposés à l'Hôtel de Ville ; de là ils se sont acheminés en l'église du Chapitre Saint-Pierre de Nantua, à la tête de la milice nationale et du détachement de la Fère du corps royal d'artillerie en garnison en cette ville.

» Arrivés dans l'église, les Officiers municipaux ont pris place dans le chœur, les troupes armées se sont rangées en ordre dans la nef. Il a été célébré une messe au grand autel, après laquelle le curé Laporte est monté en chaire et a harangué le peuple en ces termes :

Messieurs,

Je viens aujourd'hui, dans cette chaire de Vérité, pour avoir l'honneur de vous faire la lecture de deux discours : le premier est celui qui a été prononcé par le Roi, le quatre de ce mois. au milieu des représentants de la Nation. Jamais discours plus patriotique et plus touchant n'est sorti de la bouche d'un monarque. Il fait d'abord le tableau de ce que l'Assemblée Nationale a fait pour le bonheur de ses peuples ; puis. avec cette noble modestie qui caractérise ce grand prince, il rappelle les efforts qu'il a fait pour entretenir les liaisons d'égards et d'amitiés qui maintiennent la paix avec les puissances voisines ; enfin, développant son cœur sur tout ce que lui inspire son amour pour ses peuples, il vint les convaincre qu'il ne sera heureux que par leur bonheur. Ah ! messieurs, si nous avions eu le bonheur d'être spectateurs d'une scène si touchante, l'expression de notre amour et de notre reconnaissance eût baigné nos yeux de larmes. Puisse donc le souvenir de ce moment heureux se retracer souvent dans nos âmes, et en y portant la plus sensible émotion y graver un éternel attachement pour le meilleur et le plus juste de tous les Rois.

Le second discours est celui de l'Assemblée Nationale adressé à tous les Français. Vous y verrez cette diète auguste. en épanchant son cœur dans le sein de tous ces concitoyens, leur rappeler avec un enthousiasme patriotique tout ce qu'elle a fait pour le bonheur et la liberté de la France, et prenant le ton d'une confiance amicale, elle vient les prémunir contre les prestiges des ennemis de la Patrie. puis invite tous les Français, au nom de la Liberté, d'attendre avec une patience patriotique la fin de la Constitution et de ses travaux ; elle fait, sur l'autel de la Patrie, le serment de ne pas cesser un instant tout ce qu'elle a entrepris et entreprendra pour le bonheur et la liberté française.

Je me garderai bien, messieurs, d'employer une foule d'expressions qui parût tendre à faire l'éloge de ces deux discours ; vous allez être convaincus vous-mêmes qu'ils sont au-dessus de tous les éloges. La grâce que je vous demande est de prêter à la lecture que je vais en faire la plus sérieuse et la plus favorable attention.

Pour consacrer ce jour à jamais mémorable où le Roi des Français est venu au milieu de leurs représentants jurer l'union la plus intime avec eux, nous nous adresserons aujourd'hui à l'Etre Suprême et lui rendrons des actions de grâce en chantant un cantique d'allégresse, et nous terminerons cette auguste cérémonie par demander au Ciel la conservation et la prolongation des jours du plus chéri et du plus aimable de tous les monarques.

» M. le curé Laporte a fait la lecture du discours du Roi et de l'adresse de l'Assemblée Nationale aux Français. Le maire Butavand s'est ensuite avancé au milieu de la nef avec les Officiers municipaux et a dit :

Messieurs,

Le motif qui nous rassemble aujourd'hui n'est pas comme autrefois une cérémonie pour laquelle les hommes venaient au pied des autels rendre des grâces à l'Etre Suprême pour les fruits destructeurs d'une victoire achetée par le sang de quelques milliers de leurs semblables.

Nous venons célébrer le pratriotisme régénérateur du prince que les Français ont le bonheur de posséder, qui est venu, au milieu de nos représentants, dépouillé de l'éclat du trône, et paré de ses vertus et du feu divin qui l'anime. Le grand Roi leur a dit qu'il ne voulait régner que sur les cœurs et par la force du sentiment.

Les illustres citoyens ont joui d'un bonheur que la France entière voudrait avoir partagé : la droiture de leurs intentions et leurs pénibles travaux leur ont mérité cet avantage ; ils en jouissent et en jouiront dans la mémoire des générations les plus reculées.

Vous venez d'entendre, messieurs, le compte que nos augustes représentents rendent à la Nation entière de ce qu'ils ont fait, de ce qu'ils font et de ce qu'ils ne cesseront de faire pour notre bonheur. Semblables à cet astre qui vivifie la Nature et sans lequel le Globe retomberait dans le Néant, ils ont écarté tous les nuages ; ils vous préparent et vous promettent des jours sereins dont la suite sera la joie et l'abondance.

La juste confiance que nous devons à leurs vertus et à leurs lumières qui ne font qu'une avec celles du Souverain nous garantiront des erreurs qui pourraient troubler le bel ordre qu'ils établissent ; et renouvelons ensemble le serment civique que chacun de nous a déjà prêté dans son cœur d'être fidèle à la Nation, à la Loi et au Roi, et de maintenir de tout notre pouvoir la Constitution décrétée par l'Assemblée Nationale et sanctionnée par le Roi.

» Ce discours fini, le Maire et en même temps les Officiers municipaux, le Procureur de la commune et le Secrétaire ont prêté le serment civique en présence de toute l'assemblée qui s'est empressée à ses invitations de prêter le même serment de la manière la plus authentique.

» Ensuite les Officiers municipaux ont repris leur place dans le chœur et au même instant M. le curé a entonné un *Te deum* suivi de l'*Exaudiat,* pendant lesquels on a fait plusieurs décharges de boîtes.

» La cérémonie finie, le Corps municipal, toujours accompagné de la milice nationale, s'est rendu à l'Hôtel de Ville, au son de la musique et au bruit des tambours.

» Il y a eu illumination générale dans toutes les rues. L'Hôtel de Ville a de même été illuminé par plusieurs lampions, et, au centre de la façade et à l'une de ses fenêtres, était une inscription illuminée dont la devise était :

» A LOUIS-LE-PATRIOTE

» QUEL ROY FUT PLUS DIGNE DE L'ÊTRE ?

» Le Peuple, par son enthousiasme dans les rues et le calme qui a régné, a donné des preuves de son amour pour la paix et de la satisfaction que lui avait donnée cette auguste cérémonie. »

IX

Les fusils, sabres et baïonnettes livrés à la garde nationale de Nantua par le commandant du fort de l'Ecluse étaient en très mauvais état ; il y en avait de toutes les dimensions et de tous les calibres, et quand MM. Vuarin, Ducoin et Barbe, officiers, Gindre, sergent, Abraham Ricanet et Jacques Choulet, fusiliers, furent chargés d'aller représenter la milice nantuatienne au camp fédératif, qui se tenait sous les murs de Grenoble, on eut toutes les peines du monde pour les armer convenablement.

La députation ci-dessus nommée était chargée de l'adresse suivante :

Messieurs,

Attirés sous les murs de votre ville, qui fut le berceau de la régénération de l'Empire, nous venons, au nom de nos camarades, assister au sacrifice que vous allez faire à l'autel de la Patrie. Peuples, Frères, permettez que nous rendions hommage à la Liberté, cette nouvelle idole des Français. Qu'à l'aspect d'une si imposante cérémonie, la Discorde respecte ces climats habités et défendus par une immense famille de soldats citoyens. Nous avons brisé les chaînes odieuses du Despotisme, et nous ne voulons plus porter que celles qui vont nous enchaîner à tous les Français par le serment solennel qui va cimenter votre confédération. Nous sommes tous animés de la liberté d'où naît ce courage qui enfante les succès, et nous demandons de nous ranger sous vos étendards pour jurer avec des hommes libres, à la face de l'Univers, de prodiguer notre sang et de mourir plutôt que de subir un joug honteux.

Nous sommes avec respect, messieurs, vos très humbles et très obéissants serviteurs,

Les Officiers, bas-Officiers et Soldats de la Garde nationale de Nantua.

Signé : MAURIER DE PRADON, colonel; CHANA, lieutenant-colonel; CURTEL, commandant; GILLIOT, capitaine; DOMANGE, lieutenant; BEROUD, lieutenant; JAGOT, lieutenant; JEANTET, aide-major, et ALLEGRET.

Nous avons dit plus haut que le commandant du fort de l'Ecluse n'avait remis à la garde nationale que des fusils d'un autre âge. Dans un rapport adressé à la municipalité, le colonel, M. Maurier de Pradon, constatait que ces fusils étaient trop longs et si lourds que la manœuvre en était impossible.

La municipalité décida que, pour obtempérer au désir de M. Depradon, — on écrivait déjà le nom tout court, — le sieur Chavand, maître armurier demeurant à Nantua, serait chargé, moyennant un prix convenu, de réduire les fusils à quatre pieds cinq pouces de la longueur, dont trois pieds trois pouces de crosse, de faire ajuster à ceux qui n'avaient que des baguettes en bois des baguettes en fer, qui seraient fournies par la municipalité, d'y faire également ajuster toutes les bayonnettes que l'on avait ou que l'on pourrait se procurer, de fabriquer des cartouches à poudre et à balle.

La municipalité de Nantua voulait armer sérieusement la garde nationale pour, en cas de besoin, qu'elle puisse défendre les passages. Cependant elle ne comptait pas sur ses propres forces et elle écrivait à l'Assemblée Nationale :

> Les délibérants ne pouvant se dissimuler les dangers dont ils sont menacés, les projets d'hostilité conçus contre la France entière à la vue des troupes que la Savoie accumule sur les frontières et l'impossibilité où ils sont d'en empêcher l'invasion que facilite la liberté des passages et la fréquence des ponts construits sur le Rhône ont arrêté que ces circonstances les plus impérieuses les nécessitent à solliciter des secours qu'ils supplient l'auguste Assemblée Nationale de vouloir bien leur fournir, que leur position exige un renfort de cinquante hommes d'artillerie, quatre pièces de canon de quatre avec les munitions nécessaires et un bataillon d'infanterie qui borderait le Rhône, observerait les mouvements des troupes de la Savoie et pourrait, par une correspondance établie avec les gardes nationales, en imposer aux prétentions de leurs ennemis.

La demande de la municipalité fut accueillie en partie. Le détachement du régiment d'artillerie de La Fère, en garnison à Nantua, reçut l'ordre d'aller cantonner d'abord au Grand-Abbergement, ensuite à Seyssel pour observer les mouvements des Savoyards ; il fut remplacé, dans notre ville, par un détachement du régiment de chasseurs d'Alsace.

Le jour où, sur l'ordre de l'intendant, M. le vicomte de Bourbon-Bussu, les artilleurs quittèrent Nantua (le 26 avril 1790), la municipalité remit à leur commandant M. Duhamel « un témoignage de reconnaissance et de regret », attestant que le régiment de La Fère avait eu, pendant son séjour dans notre ville, une conduite digne d'éloges, qu'il avait apporté le plus grand zèle pour le maintien de l'ordre et qu'il avait vécu en bonne harmonie dans le service commun avec messieurs de la garde nationale.

Le 13 mai 1790, M. Saxe, capitaine aide-major, Beroud, capitaine, et La Chapelle, soldat citoyen, furent chargés de porter l'adresse suivante au camp fédératif formé sous les murs de Dijon :

Amis et Compatriotes,

Les vœux les plus ardents des citoyens composant la Garde nationale de Nantua en Bugey font de n'admettre qu'un seul intérêt, un sentiment unique, *celui du bien commun,* une franche et sincère union entre tous les frères français amis de la Révolution, exécuter et faire exécuter les décrets de l'auguste Diète sanctionnés par Sa Majesté d'être fidèles à la Nation, à la Loi et au Roi : manifester son respect pour sa personne et pour celle des respectables Représentants des Français. Défendre les propriétés des citoyens, veiller et assurer la libre circulation des subsistances, protéger la perception des impôts, enfin surveiller les ennemis de l'Etat et concourir d'un commun accord à la régénération de l'Empire, en faisant dissiper les projets ténébreux de cette aristocratie qui, durant tant de siècles, s'est nourrie des pleurs et du pain des peuples, avilis et opprimés. Tels sont les sentiments des citoyens de la Garde nationale de Nantua dans lesquels ils persisteront jusqu'au dernier soupir et ils ne regretteront pas la vie s'ils voient la France libre et heureuse, pénétrés d'ailleurs de la plus vive reconnaissance que leur a inspirée l'honnête invitation de leurs frères d'armes de Dijon, empressés de leur faire connaître leur amour pour la Patrie et de se réunir avec eux pour consolider les liens les plus sacrés et les plus indissolubles. L'Assemblée a arrêté, en vertu de la délibération du 25 avril dernier, de donner plein pouvoir à MM. Saxe, capitaine et major, Beroud, capitaine, et La Chapelle, soldat citoyen de la Garde nationale de cette ville composée de cinq cents citoyens, d'adhérer aux résolutions qui seront prises par les milices assemblées le seize de ce mois à Dijon, de jurer sur l'autel de la Patrie, en présence du dieu des armées, de maintenir de tout notre pouvoir la nouvelle Constitution de l'Empire, d'être fidèles à la Nation, à la Loi et au Roi ;

D'exécuter et faire exécuter les décrets de l'Assemblée Nationale, sanctionnés par Sa Majesté ;

De jurer de respecter et de faire respecter les propriétés et la liberté publique, d'assurer la perception des impôts, la libre circulation des subsistances, et de maintenir partout où nous serons appelés l'ordre et la paix, et d'y employer la force de nos armes lorsque nous en serons requis conformément à la loi, de jurer en outre que nous poursuivrons avec le fer les ennemis de la Constitution et les téméraires qui oseraient tenter une contre-révolution, enfin que nous nous engageons mutuellement par l'honneur, le sang et nos fortunes, de nous rassembler au premier signal d'un péril commun, pour combattre, vivre ou mourir.

L'Assemblée a arrêté au surplus qu'un extrait de la présente sera remis au chef de la Garde nationale de Dijon, avec prière de le faire enregistrer dans le procès-verbal de fédération qui aura lieu dans ladite ville le seize de ce mois, comme renfermant le gage de la profonde vénération des citoyens de Nantua et de leur respectueuse soumission aux lois.

Fait et arrêté à Nantua, en la chambre du Conseil de la Garde nationale, le 11 mai 1790.

> Signé : Barbier, major commandant; Blanc, capitaine; Jagot, Courtois, Gilliot, capitaines; Domange, premier lieutenant; Saxe, capitaine aide-major; Venchère, secrétaire aide-major; Barbe, sous-lieutenant; Bilon, lieutenant; Lepely, lieutenant; Barbe, adjudant.

Le présent extrait a été collationné sur l'original.

> Signé : Viala, adjudant.

Les Officiers municipaux de Nantua et le Procureur de la commune adhérant à la députation et à l'adresse faite au camp fédératif de la ville de Dijon louent le patriotisme de MM. les Députés et prient tous les membres de la Confédération de considérer les citoyens de Nantua comme amis de la nouvelle Constitution, qui n'épargneront ni peine ni travaux pour la maintenir.

Fait et arrêté à Nantua à la Maison commune, le 13 mai 1790.

> Ont signé : Chapel, Butavand, Maissiat, Meillier, procureur de la commune, Pinchon, Clerc.

Le 30 mai, nouveau camp fédératif sous les murs de Lyon. La milice citoyenne de Nantua décide d'y envoyer 50 hommes, avec, pour chirurgien-major, M. François-Joseph Jantet, et pour aumônier, M. Joseph Laporte, curé de Nantua, chargés de l'adresse suivante :

Généreux et braves Camarades,

Vainqueurs de nos haines, nous ne sommes plus un peuple esclave, mais un peuple roi. Aussi fiers que vous de cette éclatante victoire, deux bataillons au nom de cinq cents de vos amis accourent pour jurer de conserver et de défendre une si précieuse conquête. De toutes parts l'enthousiasme exalte les âmes, l'amour de la Patrie enflamme les cœurs de ses traits brûlants ; de toutes parts nos frères confédérés élèvent des trophées, imitons leur noble exemple et qu'à l'aspect de la couronne civique promise aux Français qui combattent ou meurent pour la Liberté, un courage mâle circule dans nos veines. Nous briguons tous à l'envi l'honneur de sacrifier nos jours pour une si belle cause. Vous, échos des Alpes, répétez et faites entendre à toutes les nations le serment sacré que nos voix d'un commun accord vont faire retentir les airs, d'exterminer l'audacieux qui oserait profaner l'étendard des hommes libres, et toi, fleuve majestueux, sur les bords duquel nous allons célébrer cette fête auguste et solennelle, reçois sur tes eaux le pavillon de la Liberté. Porte-le jusqu'aux mers et que leurs flots obéissants le déploient aux rives des deux mondes.

La municipalité de Nantua voulut ajouter ces mots à l'adresse de MM. de la Garde nationale :

Ouï le Procureur de la commune, les Officiers municipaux de la ville de Nantua, désirant manifester leur entière satisfaction sur le zèle de leurs concitoyens et leur amour pour le bien public, s'empressent de déclarer que la milice nationale de cette ville, constituée en régiment depuis le vingt-cinq août dernier n'a cessé, depuis cette époque, d'en exercer les fonctions, soit le jour, soit la nuit, que son exactitude et sa vigilance pour tout ce qui regarde le service, son union et son intelligence parfaite avec le corps municipal, méritent les plus grands éloges. Adhérant avec sensibilité aux sentiments de Messieurs de la Garde nationale de cette ville, exprimés dans leur délibération et adresse du vingt-quatre de ce mois, les Officiers municipaux applaudissent aux vues patriotiques qui les animent et approuvent leurs vœux de s'unir à la Confédération des milices nationales du Royaume qui doit se former sous les murs de Lyon le trente de ce mois, pour y prêter de concert le serment d'être fidèles à la Nation, à la Loi et au Roi, de maintenir de tout leur pouvoir la Constitution du Royaume décrétée par l'Assemblée Nationale et sanctionnée par Sa Majesté.

Le 2 juin, la municipalité invita ses concitoyens à illuminer dès la chute du jour pour témoigner leur satisfaction du retour de la délégation de la Garde nationale qui avait été reçue par les Lyonnais avec les plus grands égards.

Le 4 juin, les officiers de la Garde nationale déclarèrent qu'il leur était impossible, dans le *moment présent*, de faire une nouvelle formation de la milice, « attendu qu'elle était contraire aux dispositions du décret de l'Assemblée Nationale, qui disait que le régime des gardes nationales, cy-devant constituées, subsisterait jusqu'à l'organisation prochaine d'icelles ».

Les gardes nationaux n'étaient pas contents des fusils de remparts du fort de l'Écluse, bien qu'ils eussent été raccourcis par l'armurier Chavand et qu'on y ait adapté des sabres-baïonnettes. Plusieurs même offrirent d'en acheter de leurs propres deniers. La municipalité demanda des prix à la *Manufacture des armes pour le Roy de Saint-Étienne*. La réponse fut que la municipalité de Nantua pourrait acheter des fusils aux mêmes conditions que la République de Genève, savoir : pour la somme de trente livres des fusils de première qualité dont le bassinet est en cuivre, pour la somme de vingt-sept livres des fusils de seconde qualité dont le bassinet est en fer.

L'Assemblée Nationale ayant décrété qu'une fédération des gardes nationales aurait lieu à Paris, le 14 juillet, on élit une nouvelle délégation des milices — du district entier de Nantua, cette fois, — composée de quatorze gardes nationales, d'un effectif total de deux mille deux cent vingt hommes. L'élection eut lieu à Nantua. Voici les noms des délégués : Jagot, lieutenant en pied, Vuarin, capitaine, Jantet, aide-major, de la garde nationale de Nantua ; Louis-Hyacinthe-Hippolyte Fanoux (?), de la garde nationale de Châtillon-de-Michaille ; Jean-Gabriel Sonthonnax, de la garde nationale d'Oyonnax ; Le Brument, capitaine, Lepely, lieutenant, Ducoin, aide-major, de la garde nationale de Nantua ; François Robin, *colonel* de la garde nationale de Martignat ; Saxe, aide-major de la garde nationale de Nantua, et François Tournéry, lieutenant de la garde nationale de St-Martin du Fresne.

X

En 1790, l'anniversaire de la prise de la Bastille fut, à Nantua, célébrée en grand apparat. Nous allons résumer, parce que le compte rendu de la cérémonie remplit dix feuillets de l'in-folio à qui nous empruntons quelques-uns de nos renseignements.

Le 13 juillet, à sept heures du soir, au moment où tous les tambours battaient la retraite, trois coups de canon ou boîte furent tirés sur la place d'Armes, en même temps que trois autres coups étaient tirés sur la place du Lac.

Le 14, à six heures du matin, trois coups de boîte furent tirés, le premier sur la place des Ormes, le second sur la place du Lac, le troisième sur le terrain où devait avoir lieu la cérémonie, — c'est-à-dire en Pré-Petit, appartenant au collège Saint-Joseph, — en même temps que les tambours battaient la *générale* dans tous les quartiers de la ville.

A huit heures précises, deux coups de boîte tirés sur la place des Ormes avertirent les tambours de battre l'*assemblée,* et tout de suite *rappelèrent.* Aussitôt les compagnies s'assemblèrent devant le logis de leurs capitaines et les fusils et mousquetons furent visités « pour ce que aucun ne se trouve chargé ».

A neuf heures, nouveau coup de boîte, donnant le signal à toutes les compagnies de se rendre « en ordre et en silence » pour se former en bataille sur la chaussée faisant face au lac, pendant que la compagnie Beroud allait prendre les drapeaux à l'Hôtel de Ville et les amenait au régiment où ils étaient, le blanc entre la seconde et la troisième compagnie du premier bataillon, et celui de couleur au centre du deuxième bataillon. Entre les deux bataillons, une place avait été réservée à MM. les écoliers du collège Saint-Joseph, « qui en avaient obtenu l'agrément ».

Puis un détachement s'en fut chercher MM. les officiers municipaux, les conduisit à la tête des troupes et leur servit d'escorte pendant toute la journée.

A dix heures, trois coups de canon et un roulement de tambour donnèrent le signal du défilé qui s'effectua par la porte du Lac, la rue des Echatoux, la Grande-Rue, le Carré Bourget, le Grand

Chemin, le pont des Tanneries, et les troupes vinrent former, en Pré-Petit, le bataillon carré, autour du monument élevé par des artisans dévoués de la ville, sous la direction de M. Secrétan et de MM. Clerc père et fils, qui s'étaient chargés de la sculpture et de la peinture de l'autel à quatre faces destiné à la célébration de la fête du Quatorze-Juillet.

Voici la description de ce monument, supporté par une charpente élevée de onze pieds et sur laquelle était une pyramide terminée par un globe aux trois couleurs de la Nation :

Plus haut était un **entablement** supporté par quatre colonnes d'ordre dorique, formant un ensemble qui s'élevait à trente pieds de hauteur au-dessus desquels était une galerie de six pieds de haut. Au-dessus et au milieu de chaque face était une statue. Celle placée du côté de l'Orient représentait la Concorde, avec cette inscription dans la frise qui était au bas de la galerie : « Sans union nulle force ». Celle qui regardait le Nord représentait la Justice et la Liberté formant un groupe, avec cette inscription : « Soyons inséparables ». Celle qui regardait le Couchant représentait l'Abondance, avec cette inscription : « Je suis le fruit du Travail », et celle qui regardait le Midi représentait la Religion, avec cette inscription : « Je suis ce que je fus ». — Lesdites statues de la hauteur de sept pieds chacune avec leurs attributs.

L'histoire nous a conservé les noms des artisans qui collaborèrent gratuitement à l'édification de ce monument : Secrétan, Clerc, Touillon, Roland, Toumian, Poncet, Rochefort, Briffoux, Cornély, Sonthonnax, Ballivet, Leyssard, Poulaillon, Chavant, Billion-Bourbon, Barbier, Alleyme, Thomasset, Aymard, Gindre, Vénière, Morel, Perset, Augerd, Pilliard, Mercier et Decœur, qui ont encore, dans notre pays, des descendants qui sont des républicains aussi dévoués et aussi désintéressés que leurs ancêtres.

A 10 heures, la cérémonie commença, en présence de toute la population, de la garde nationale, dans laquelle étaient englobés les 170 élèves du Collège, et du détachement des chasseurs d'Alsace commandé par M. de Montesquieu qui occupait la gauche du bataillon carré.

Quatre messes furent dites par MM. Laporte, curé de Nantua, Claude-François-René Labrosse de Montrichard, religieux du Chapitre Saint-Pierre, Benoît Bertrand, directeur du Collège de Saint-Joseph, Edme-Jean-Marie Douet, aumônier des Dames Augustines.

A l'élévation, trois coups de canon et des roulements de tambour retentirent, tandis que le lieutenant-colonel Ducoin (le colonel Maurier de Pradon voulait donner sa démission) commandait : « Genoux en terre, présentez, armes ! »

Après le serment civique prêté par les officiers municipaux, le commandant de la garde nationale et M. de Montesquieu, commandant les chasseurs d'Alsace, M. le maire Butavand prononça un grand discours, on chanta le *Te Deum* et le *Domine, salvam fac gentem, Domine, salvam fac legem, Domine, salvum fac regem,* tandis que les cloches sonnaient à toute volée, que le canon grondait et que les tambours « battaient deux couplets aux champs ».

La cérémonie finie, MM. les officiers municipaux et notables à la tête de la garde nationale, suivis du détachement des chasseurs d'Alsace, se mirent en marche pour se rendre les premiers à l'Hôtel de Ville, les autres sur la place d'Armes d'où les drapeaux furent rapportés et déposés dans la maison commune.

Voici la conclusion du compte rendu officiel :

« Le soir, la ville a été illuminée ; la joie, la tranquillité et le bon ordre qui ont régné parmi tous les citoyens, soit pendant la cérémonie, soit durant la journée entière, sont le témoignage le plus éclatant de leur patriotisme et des sentiments dont les a pénétrés cette sainte et auguste cérémonie. »

XI

De même que les soldats, les prêtres avaient tenu à prêter le serment civique sur l'autel de la Patrie ; bien mieux, le 9 juin 1790, le clergé du district de Nantua rédigea l'adresse qu'on va lire et qu'il apporta en corps aux officiers municipaux assemblés dans la maison commune de Nantua :

Le clergé du district de Nantua, département de l'Ain, se flatte d'avoir toujours porté dans son cœur le sentiment d'un vrai patriotisme, d'un entier dévouement et d'une soumission respectueuse aux décrets émanés de la sagesse de l'Assemblée Nationale ; déjà, plusieurs fois, il s'est fait un devoir, comme les bons citoyens, de prêter sur l'autel de la Patrie le serment civique et de prendre à témoin le Dieu, protecteur des Empires, qu'il jurait l'obéissance la plus parfaite à la Nation, à la Loi et au Roi, et d'employer tous ses moyens à la défense et au maintien de la Constitution. Jaloux de manifester leur disposition et de former une union intime avec les amis zélés et éclairés de la chose publique, du rétablissement de l'ordre et de la suppression des abus, il vient aujourd'hui faire la déclaration patriotique par un acte solennel d'adhésion au sage décret de l'auguste Sénat français sanctionné par le Roi, lui offrant l'hommage de la reconnaissance qu'il doit à ses bienfaits et de son inviolable attachement comme enfants de la Patrie.

Ministres des autels, l'étonnante Révolution n'apporte dans nos âmes qu'une douce émotion. Nous sommes bien convaincus que la Religion n'a pas besoin d'un faste imposant pour se soutenir. C'est par la sainteté et la charité qu'elle s'est établie, qu'elle se propage et se soutiendra jusqu'à la consommation des siècles. Déjà, par des travaux pénibles et un zèle intrépide, l'auguste Assemblée a détruit des abus que leur durée semblait devoir prolonger encore longtemps : puisse-t-elle bientôt abolir ceux qui déshonorent l'Église ; puisse la Religion, placée sur le trône de nos pères, en recevoir un nouveau lustre.

Nous nous livrons à ces heureux présages avec d'autant plus de confiance que l'auguste Assemblée n'a cessé et ne cessera de lui donner une protection marquée. Son attachement à la religion catholique, apostolique et romaine, nous rassure contre les choses alarmantes que les ennemis de la Révolution et du Bien public cherchent à semer parmi le Peuple. Pour nous, en renouvelant notre adhésion à tous les décrets de l'Assemblée Nationale, sanctionnés et acceptés par le Roi, notamment celui du treize avril dernier, et tous autres concernant la vente des biens du clergé déclarés nationaux, nous jurons d'éclairer les peuples sur leurs vrais intérêts, en leur prêchant un attachement inviolable à la pureté de la Foi. Nous ne cesserons de leur développer la sagesse des décrets de l'Assemblée Nationale et de leur donner l'exemple d'une parfaite soumission.

Animés de tous ces sentiments, nous soussignés Joseph Laporte, curé de Nantua, Jean-Charles-Marie de Lombard, grand prieur, Claude-François-René La Brosse de Montrichard, François-Marie de Vialles, Bénigne-François-Bernard de Jacob, tous cinq membres du chapitre Saint-Pierre de Nantua, religieux de l'ordre de Cluny (ancienne observance), Benoît Bertrand, directeur du collège dudit Nantua, Ennemond Fréréjean, Jean-François Gérard, vicaires, Edme-Jean-Marie Douet, prêtre aumônier des Dames Religieuses de cette ville, Paul-Antoine Delilia, chapelain, demeurant audit Nantua, Jacques-François Jagot, curé de Mornay, Jean-Pierre Goyffon, curé de Geovressiat, Claude-Humbert-Emmanuel Mermet, curé de Montréal, Jean-Antoine Nicod, prêtre, vicaire d'Izernore, Charles Douglas, prêtre de Bar-le-Duc, en Lorraine, demeurant accidentellement à Nantua, ayant comparu par devant MM. les officiers municipaux de ladite ville de Nantua assemblés en la grande salle de la maison commune, renouvelons à la face de la Nation entière notre serment civique, jurons d'obéir à la

Nation, à la Loi et au Roi, et de maintenir de tout notre pouvoir la Constitution du royaume, décrétée par l'Assemblée Nationale et sanctionnée par Sa Majesté.

Parmi les signataires de l'adresse, on a remarqué les noms de M. Joseph Laporte, curé de Nantua, et de M. Edme-Jean-Marie Douet, aumônier des Dames Religieuses.

Le nom de M. Laporte s'est souvent rencontré au cours de cet ouvrage ; comme celui d'un prêtre très libéral, accompagnant les gardes nationaux aux camps fédératifs, se mêlant aux manifestations populaires, et appelant volontiers les bénédictions du ciel sur la Nation, la Loi et le Roi.

Il n'en était pas de même de l'aumônier Douet. Celui-là faisait sournoisement de la contre-révolution, dans toutes les familles bien pensantes, et le 2 mai 1790, Jean-François Guichon, procureur de la commune, était venu faire rapport aux officiers municipaux de Nantua que « ce jourd'hui, avant midi, au moment de la messe célébrée dans l'église des Dames Religieuses, l'aumônier a lu et publié un discours imprimé qui lui a été dénoncé comme incendiaire et portant l'alarme dans les âmes faibles et crédules ».

Le procureur Guichon se transporta chez l'aumônier Douet, qui lui remit un exemplaire imprimé du discours prononcé le matin, et M. Douet avoua que ce discours avait dû être lu et publié, ce jour même, dans toute la France.

Le procureur Guichon donna communication des grandes lignes du discours intitulé : *Amende honorable à Jésus-Christ,* suivi d'une *Consécration de la France à la Sainte-Vierge, en renouvellement du vœu de Louis-Treize,* et finissant par ces mots : *Ad majorem Dei gloriam.* Ce discours était destiné à porter l'alarme ; il annonçait le renversement de la religion catholique, apostolique et romaine, il critiquait les actes de la Révolution « sous le manteau de la Religion qu'il mettait en danger ».

Les officiers municipaux ordonnèrent que « le particulier qui fait les fonctions d'aumônier des Religieuses de Nantua sera cité pour comparaître sans retard et à l'instant de la notification qui lui sera faite de se présenter en la chambre du Conseil à l'effet de répondre sur les faits articulés par le procureur dans son réquisitoire et sur tous autres sur lesquels il sera interrogé, il est enjoint à cet aumônier de présenter en même temps les pouvoirs en vertu desquels il fait ses fonctions ».

Le 8 mai, l'aumônier comparut devant les officiers municipaux et déclina ses noms et qualités au maire qui l'interrogeait.

« Edme-Jean-Marie Douet, natif de Beaulieu, en Bourgogne, âgé de 27 ans, bachelier de Paris, ancien professeur de théologie au séminaire St-Charles de Lyon, prêtre du diocèse d'Autun, demeurant à Nantua depuis le deux avril dernier et auparavant vicaire à Montbrison. »

Ledit Douet requis de présenter les pouvoirs en vertu desquels il faisait les fonctions d'aumônier et de directeur des Dames Religieuses de Nantua, présenta une feuille imprimée de laquelle il semblait que ledit Douet avait les pouvoirs pour prêcher et confesser dans la ville de Nantua jusqu'aux fêtes de Pâques de l'année prochaine.

L'aumônier dut présenter ensuite le discours incriminé. Interrogé sur la provenance de cet imprimé, il répondit qu'il le tenait d'une dame religieuse de cette ville, *dont il ignore le nom,* qui le lui avait remis au parloir et qui avait été envoyé par la dame Rusand, libraire à Lyon, rue Mercière.

Interrogé s'il connaissait d'autres exemplaires, Douet répondit qu'il avait ouï dire par une religieuse de Nantua, dont il ignorait le nom, qu'il en restait encore un dans leur communauté, qui y avait été envoyé par une religieuse d'une autre communauté.

Douet, interrogé s'il a publié cet imprimé, de quelle manière, en quel lieu et sur les réquisitions de quelles personnes, répondit qu'il avait fait une amende honorable en lisant cet écrit au pied de l'autel, après avoir célébré la sainte messe ; que ce fut une neuvaine qu'il commençait et qu'il se proposait de continuer pendant neuf jours, que personne ne l'avait engagé à le faire, qu'il a regardé cet acte comme propre à satisfaire Dieu des outrages qu'il reçoit sans cesse des hommes et d'attirer sur la Patrie les bénédictions dont elle a tant besoin, surtout en ce moment.

Les officiers municipaux décidèrent que

l'imprimé et le procès-verbal de l'affaire seraient envoyés à l'Assemblée Nationale et que défense était faite à Douet de continuer la lecture dudit écrit.

L'aumônier promit de ne pas continuer la lecture de cet écrit en public « ni d'autres, à moins qu'ils ne fussent revêtus des commissions nécessaires ».

XII

. L'abbé Douet venait à peine de faire lecture, en la chapelle des Dames Religieuses, de l'amende honorable à Jésus-Christ, que la Confrérie des Pénitents de Nantua offrait à la municipalité une somme de 100 livres « pour être employée en achat de blé, aux réparations des armes et autres objets, dans ces circonstances de révolution qui occasionnent tant de dépenses extraordinaires.

La municipalité avait beaucoup à faire dans ce moment. La disette des grains était telle qu'un certain nombre de Nantuatiens s'opposaient à la sortie des grains que les Comtois amenaient sur le marché. Il y eut même une émeute. Il fallut désarmer et arrêter des gardes

nationaux qui, le fusil à la main, voulaient empêcher le départ, par la porte
de Genève, de voitures chargées de blé.

Le maire Butavand dut prendre un
arrêté invitant le Conseil général de la
commune à délibérer et à exposer les
moyens qu'il croirait les plus propres
pour écarter les maux dont la commune
était menacée parce que « tous les bons
citoyens étaient dans la consternation
en voyant se propager des bruits sédi-
tieux tendant à la destruction des marchés de la ville, lesquels bruits sont se-
més par des gens mal réfléchis qui veulent absolument empêcher les grains de
sortir du marché de Nantua du côté de
la porte de Genève, qu'indépendamment
de la résistance la plus propre aux sages
décrets de l'Assemblée Nationale, il en
résulterait la destruction totale du commerce de Nantua et par conséquent la
ruine de cette ville dont le sol ne produit
aucune denrée et dont toutes les ressour-
ces résident dans son commerce ».

Nous n'insisterons pas sur cette « affaire des grains ». La garde nationale
dut garder les marchés qui furent néanmoins souvent troublés par des conflits
entre Nantuatiens et Gessiens.

Le 15 août 1790, MM. Butavand, maire,
Meillier, Paret, Clerc, Robin, Jagot,
Maissiat, Jantet, officiers municipaux,
Guichon, procureur de la commune, re-
vêtus de leurs écharpes, accompagnés

des notables de la ville et de M. Joseph-
César Branche-Demerloz, juge des terres
de ladite ville, et escortés par la garde
nationale sous les armes, assistèrent à
la procession solennelle ordonnée par la
déclaration de Louis XIII du 10 février
1638, qui a été faite à l'issue des vêpres;
ils assistèrent également à la procession
du 16 août qui se faisait, chaque année,
le jour de la Saint-Roch, ensuite d'un
vœu de la ville de Nantua « à l'occasion
de la peste qui affligea la ville et les
environs vers l'an 1640 ».

Le 25 août, les officiers municipaux et
la garde nationale assistèrent à la messe
solennelle qui fut dite en l'église des
Bénédictins à l'occasion de la Saint-
Louis.

Le 17 septembre 1790, la municipalité
de Nantua eut à intervenir auprès de
l'Assemblée Nationale, qui avait pris la
résolution de réduire le nombre de districts. Il fallut expliquer que Nantua,
placé entre Genève et Lyon, était un
centre relativement important, que c'é-
tait dans cette ville que le pays de Gex,
le Genevois et une partie du Valromey
venaient acheter des grains provenant
de la Haute-Bresse et de la Comté, que,
— pour employer les expressions du
procès-verbal, — « c'est dans cette ville
» où les ci-devant provinces de Bresse
» et de Franche-Comté viennent verser
» leurs magasins, où la Suisse, Genève

» et la Savoie viennent se pourvoir en
» grains et où la distribution des sub-
» sistances se fait à la satisfaction de
» tous ».

Nantua, du reste, eut gain de cause,
et resta chef du district que Gex aurait
voulu pour lui seul.

Le 19 octobre 1790, les maîtres tan-
neurs et cordonniers de Nantua : Jean-
Baptiste Perrin, Jean-Louis Gros, Jean-
Pierre Bilon, Pierre-Antoine Mutignon,
André Moiroux, Antoine Maissiat, Louis-
Joseph Maissiat, Louis-Joseph Bouvet,
Jean-Baptiste Ducrez, François-Joseph
Tétafort, Claude-François Tétafort, Jean-
Louis Laissard, Jean-Baptiste Venière,
Jean-Claude Bessat, Jean-François Bou-
vet, Joseph Gros, Jean-Joseph Bilon,
Claude-Joseph Ricanet et Simon Bouvet
offrirent à la municipalité de Nantua une
somme ronde destinée « à contribuer à
» l'illumination de la ville à l'aide de
» reverbères », pour remplacer les lan-
ternes qui dataient du temps de Louis
XIII.

Il est inutile de dire que l'offre fut acceptée avec un empressement d'autant
plus grand que les quatre derniers mois,
de 1790 avaient été marqués par une
série de vols commis de nuit par une
bande de malfaiteurs introuvables.

Les nouvelles lanternes ne gênèrent
nullement les voleurs, et la municipalité

dut décider, le 16 décembre, que six piquets de la garde nationale, composés de dix hommes chacun, accompagneraient les conseillers pour faire des visites domiciliaires chez tous les particuliers de Nantua et arriver à découvrir les recéleurs sinon les malfaiteurs. Un nouveau corps de garde fut installé au centre de la ville, et les fusiliers qui l'occupaient firent de fréquentes patrouilles, en même temps que les gardes nationaux du corps de garde du Faubourg des Moulins (la rue Neuve actuelle).

La municipalité arrêta, en outre, que chaque particulier qui n'avait pas de porte d'entrée sur la rue devrait en faire placer une dans la huitaine, sous peine de trois livres d'amende et que tous les citoyens seraient invités à avoir leurs portes fermées à partir de neuf heures du soir.

L'histoire locale ne dit pas si ces mesures furent efficaces.

Terminons maintenant l'année 1790, en rappelant la délibération du Conseil municipal du 30 décembre :

« Les officiers municipaux de Nantua, réunis en la maison commune, ont été informés que M. Joseph-Bernard Delilia, député de la ci-devant province du Bugey à l'Assemblée nationale, était arrivé à Montréal, son domicile, depuis quelques jours, ensuite d'une permission qu'il a obtenue de l'Assemblée Nationale, convaincu du patriotisme de M. Delilia et pénétrés de reconnaissance pour les peines qu'il s'est données en entretenant une exacte correspondance avec la municipalité de Nantua, ont arrêté, après avoir ouï le procureur de la commune, qu'il sera envoyé trois membres du Corps municipal pour faire une visite à M. Delilia, dans son domicile, à Montréal, lui témoigner la gratitude de la commune de Nantua pour les services qu'il lui a rendus, et le prier de les continuer.

» En conséquence, ils ont député MM. Butavand, maire, Guichon, procureur de la commune, et Secrétan, officier municipal, qui ont accepté la députation ».

1791

XIII

C'est en janvier 1791 que fut transféré en l'église des Bénédictins le *service divin* jusqu'alors exercé en l'église paroissiale de Nantua, si vieille qu'elle menaçait ruine et dont *le vase* était si petit qu'il contenait à peine le quart des habitants. L'église du chapitre n'était pas non plus en bon état; les vents coulis y régnaient en maîtres depuis que les émeutiers en avaient brisé les vitraux. Le portail allait bien en voir d'autres.

Le 11 janvier, la commune de Nantua demande à se rendre acquéreur de divers biens immobiliers devenus nationaux provenant du chapitre noble des Bénédictins, notamment d'un verger (aujourd'hui propriété Larochette) et des moulins (aujourd'hui usine Sibuet), qui n'en étaient séparés que par un ruisseau.

Le 23 janvier, après la grand'messe, les officiers municipaux de Nantua, *revêtus* de leurs écharpes, se transportèrent dans l'église du ci-devant chapitre des Bénédictins pour entendre le serment constitutionnel prêté par MM. Laporte, curé, Frèrejean, Vignon et Michel, vicaires de Nantua, Bertrand, principal, Lorrain, Mottet, Dunand et Joly, professeurs du Collège. (M. Meurer, professeurs de rhétorique, n'était pas de retour de Lyon où il avait fait un voyage.)

Le 14 février, sur les dix heures du matin, le conseil général de la commune de Nantua s'est transporté en corps, précédé des sergents de ville et accompagné de MM. les commandants et officiers de la garde nationale, d'un détachement d'icelle et de la *gendarmerie nationale de Lacluse*, dans l'église du ci-devant chapitre de Nantua, et s'est arrêté au-dessus des dégrés qui séparent le chœur de la nef. Là, MM. les membres du conseil général de la commune jugèrent par l'affluence du peuple qui se portait à la cérémonie qu'il serait impossible de procéder à l'installation des juges dans la chapelle dite « du vieux Chapitre », attenante à ladite grande église, destinée provisoirement pour tenir les séances du tribunal et décidèrent de faire l'installation au milieu de l'église », — et des sièges furent apportés sur lesquels MM. les membres du conseil général de la commune prirent place.

Voici les noms des juges composant le tribunal du district de Nantua et qui, en cette qualité, prêtèrent serment le 14 février 1791, en l'église du ci-devant chapitre des Bénédictins :

MM. Jean-Louis Girod, Jacques-Victor Evrard, Jean-Melchior Bonifax, Joseph Jagot et Alexis-Marie Dumoulin.

Le 27 février 1791, la commune de Nantua, d'après sa délibération du 16 janvier même année, homologuée par le *directoire* du département de l'Ain, entra définitivement en possession de l'église des Bénédictins (aujourd'hui l'église paroissiale).

Le 27 février, le territoire de Nantua fut sectionné en quatre parties. Il est toujours question du Mont-Daim ou des Mondaims, — et non du Mont-d'Ain, comme l'écrivent les modernes géographes faiseurs de livrets et redresseurs de plans, qui faisaient bondir d'indignation mon ancien et regretté maître, M. Aimé Vingtrinier.

Un arrêté du 7 mars 1791 dit :

Les officiers municipaux de Nantua, considérant que les mascarades du Carnaval occasionnent ordinairement des désordres, ont arrêté de faire défense à toute personne de paraître, soit de jour, soit de nuit, masquée ou déguisée dans les rues, places et faubourgs de cette ville, à peine d'être saisie au corps et conduite sur le champ dans la maison d'arrêt de cette ville.

Autre délibération des officiers municipaux (il s'agit de la garde nationale) :

Les officiers municipaux, voyant avec douleur que le service qui s'est fait dans le commencement avec de la vigueur et avec exactitude, invitent tous les bons citoyens à faire attention que, dans ce moment, il est plus utile que dans aucun temps de redoubler d'activité pour se prémunir contre les dangers de la chose publique. Car il est notoire :

1° Que, dans différentes villes du royaume, ils ont déjà occasionné des scènes désastreuses, et que si le lieu où nous habitons en a été garanti, nous le devons à la vigilance des bons citoyens qui ont sacrifié, dans les moments les plus orageux, leur temps et leurs travaux pour seconder ceux des législateurs qui n'ont d'autre but que de faire cesser les anciens abus ;

2° Que les ennemis du Bien public, qui vivaient des malheurs du peuple, voyant échapper leur proie avec regret et qu'ils ne négligent aucun moyen pour ramener l'ancien désordre qui leur était si avantageux ;

3° Que les perturbateurs de l'ordre public n'agissent pas seulement dans le royaume de France, mais qu'ils font leur possible pour semer le désordre dans les royaumes qui avoisinent, qu'il paraît qu'ils ont semé la discorde dans la Savoie qui nous touche et que, dans ce moment, la ville de Chambéry est en proie à des dissensions qui ont déjà occasionné des effusions de sang ;

4° Qu'il est de la plus grande importance de maintenir la surveillance que l'on a apportée jusqu'à présent au transport des grains, afin de n'être pas exposé à en manquer jusqu'à la récolte par la cupidité des personnes qu'un vil intérêt porte à user de tous les moyens pour continuer ce commerce odieux avec l'étranger ;

Invitent tous les bons citoyens à se réunir pour le maintien du bon ordre et MM. les officiers et bas-officiers de service à se tenir régulièrement au poste.

XIV

La misère était grande, à Nantua, en cette année 1791, à la fin de l'hiver ; le blé était hors de prix dans la ville où se trouvaient des centaines d'ouvriers sans travail, Nantuatiens et étrangers, et la municipalité fut obligée d'organiser des « *ateliers de secours* ».

La question des grains était à l'ordre du jour. On a vu, dans un précédent chapitre, que souvent une émeute éclatait quand les Nantuatiens voyaient les accapareurs, Savoyards, Genevois ou Gessiens, acheter du blé de Comté amené à la Grenette pour le conduire au loin, au risque de livrer à la famine une ville qui n'avait autour d'elle que les quelques champs de St-Martin et de Brion suffisant à peine à la consommation de ces deux villages.

Une affaire entre mille montrera quelle était la situation. Le 29 août 1789, un sieur Jean-Joseph Gervais, marchand, demeurant à Châtillon-de-Michaille, arrivait à la foire de Nantua, dite de la *Décollace* : « Jusqu'à ce moment, dit un mémoire que nous avons sous les yeux, le marché de Nantua fournissait l'entrepôt de la plus grande partie des grains qui sortent du département du Jura et de celui de l'Ain, pour être exportés en Savoie, à Genève et en Suisse. La Révolution, qui se préparait, avait jeté des alarmes dans toute la France sur les subsistances. De toutes parts, on prenait des précautions pour empêcher l'exploitation. Le sieur Gervais, qui n'avait jamais fait d'autre commerce, occasionnait des inquiétudes et, dans les moments de crise, sa personne était odieuse et l'on fut obligé de prendre des précautions pour le soustraire aux violences auxquelles il s'exposait par sa cupidité.

» La municipalité, pour prévenir des malheurs, et en même temps pour laisser à chacun le droit de se pourvoir de ce qui lui était nécessaire, fit un arrêté le 28 août 1789 ; pour défendre aux étrangers d'acheter des grains avant les dix heures du matin et qu'aucun particulier n'en sortît au-delà de trente-six mesures, il fut établi une forte garde pour maintenir la tranquillité au milieu d'un peuple immense assemblé dans cette foire.

» Le sieur Gervais profita du tumulte qui se rencontre ordinairement dans des occasions semblables, et envoya des gens de tous les pays, qui n'avaient aucun besoin de grains, demander à la municipalité des billets de sortie de trente-six mesures. Les officiers municipaux, ignorant les manœuvres du sieur Gervais, accordèrent ces billets de sortie, mais l'officier du poste de la porte de Genève s'aperçut. que plusieurs voitures chargées de blé portaient en gros caractères peints à l'huile le nom de Gervais, et prévint la municipalité qui fit saisir le convoi, tant pour arrêter la fraude que pour arrêter la fureur du peuple. »

Le 17 avril, une autre saisie de grains fut faite au préjudice du sieur Famy, originaire comme Gervais, de Châtillon-de-Michaille, et qui, comme Gervais, faisait le commerce des grains « à un quart de lieue de la frontière de Savoie».

Gervais et Famy n'acceptèrent pas la saisie sans protester et, en juillet 1791, la municipalité demanda l'autorisation de plaider pour soutenir la légitimité de son action aux corps administratifs du département de l'Ain.

~~~~~~~~

Le 24 avril 1791, la milice nationale de Nantua fut entièrement reconstituée ; divisée en huit compagnies, elle eut un état-major composé de MM. Claude-Louis-Agnès Maurier de Pradon, colonel, Vuarin, lieutenant-colonel, Barbier, major, Secrétan père, X. et Saxe de Virelène, aides-majors, Louis-Joseph Butavand et Paul Meygret, porte-drapeaux.

~~~~~~~~

Le 17 mai 1791, M. Jean-Baptiste Royer, évêque du département de l'Ain, — il n'y avait pas encore de diocèse de Belley et on n'appelait pas les évêques monseigneurs, — M. Jean-Baptiste Royer vint visiter Nantua et fit son entrée dans la ville pour se rendre à l'église paroissiale, précédant le corps municipal et la garde nationale qui lui faisait cortège et donnant sa bénédiction à la foule qui se pressait sur son passage, quand un certain Joseph-Augustin Martelet, curé d'Arbent, « eut l'audace de se placer à la fenêtre du sieur Guillot, confiseur, et de laisser son chapeau sur sa tête dans le moment où M. l'évêque, suivi de son cortège, passait devant lui, de manière qu'après avoir passé, la garde nationale indignée de la conduite du sieur Martelet et le peuple se mirent à crier audit Martelet : « A bas, chapeau ! » ce qu'il fit après avoir résisté un moment. En conséquence, il fut arrêté et conduit à l'Hôtel de Ville pour répondre sur la cause de son inconvenance, ce qui a été exécuté par quatre fusiliers et un sergent de ladite garde, où étant arrivé, ledit sieur Martelet a été interrogé sur la cause de son inconvenance, à quoi il a répondu que s'il avait laissé son chapeau sur sa tête, c'était par oubli et sans *attention*, qu'il reconnaissait parfaitement son tort et que c'était *par abstraction*, qu'il reconnaissait bien son évêque et qu'il n'ignorait point qu'il était coupable ».

Le sieur Joseph-Augustin Martelet fut condamné à *une heure de prison* dans la maison d'arrêt, pour son inconvenance vis-à-vis de M. l'évêque.

~~~~~~~

Le 26 juin, la garde nationale arrêta cinq voitures chargées de 489 quintaux de soufre considéré « comme munition de guerre ». Ces voitures, qui étaient conduites par le sieur Augustin Bonnefoy, originaire des Rousses, à destination de Versoix, « extrême frontière de la Suisse », furent confisquées.

~~~~~~~

Le 28 juin, arriva à Nantua un officier municipal de Bourg, « chargé d'une mission particulière ». La municipalité de Nantua mit à la disposition dudit Cochet deux commissaires pris dans son sein et un détachement de 12 hommes de la milice.

~~~~~~~
~~~~~~~

XV

J'ai, dans mes études sur les anciens élèves du Collège de Nantua, parlé de la fondation de cet établissement par Joseph Crétenet, d'abord excommunié, rentré ensuite dans le giron de l'église orthodoxe. Aujourd'hui, je trouve, dans les annales de 1791, des faits concernant notre vieux Collège, faits que je veux relater d'autant qu'on dirait des pages d'histoire moderne, à l'heure où la municipalité fait en vain des démarches pour avoir, auprès de l'Etat, l'aide et le soutien auxquels elle a droit.

On a vu, dans le chapitre précédent, que « messieurs les écoliers du Collège », au nombre de 300, avaient pris part, encadrés dans un bataillon de la milice nationale, à toutes les manifestations patriotiques, sous la conduite de leur principal, M. Bertrand l'aîné, qui, avec le curé de Nantua, M. Joseph Laporte, s'étaient mis en tête du mouvement révolutionnaire.

Cette attitude du principal du Collège n'était pas faite pour plaire à la maison-mère, et M. le maire Butavand recevait, à la date du 1er novembre 1791, une lettre de M. Gentil, prêtre, directeur de la congrégation de Saint-Joseph de Lyon, dans laquelle on l'avisait que M. Bertrand était révoqué de ses fonctions. Voici les griefs invoqués par M. Gentil :

« M. Bertrand n'a pas été assez attentif aux abus qui s'introduisaient dans sa maison, ni à la conduite de certains de ses inférieurs ; il ne conserve aucune liaison avec le régime de la mère-maison ; il néglige de payer les intérêts des capitaux dont la mère-maison est caution ; il s'est permis de faire un voyage à Lyon sans mettre le pied dans cette maison ; sous sa régie, la pension a considérablement diminué ».

M. Bertrand réfuta point pour point les accusations du directeur des Joséphistes ; du reste, la municipalité savait à quoi s'en tenir et elle prit la délibération suivante :

« L'an, etc., M. Bertrand aîné s'étant rendu en la maison commune, sur l'invitation qui lui en a été faite, a répondu sur tous les motifs allégués dans la lettre de M. Gentil et a démontré jusqu'à l'évidence que ces prétendus motifs ne sont que l'effet de la manœuvre et de la cabale...

» D'après le vœu unanime du conseil

général de la commune, il a été arrêté qu'ensuite de l'estime publique que **M.** Bertrand a toujours méritée à tous égards, invitation lui serait faite de continuer ses fonctions dans la direction du Collège de Nantua et que dans le cas où le conseil de la congrégation de MM. de Saint-Joseph viendrait à envoyer des ordres à M. Bertrand pour quitter ses fonctions sans s'être conformé à la loi du 23 octobre dernier, le présent arrêté serait envoyé au département de l'Ain pour lui demander son homologation et la continuation de M. Bertrand, ainsi que de MM. les professeurs actuels du Collège, dans leurs fonctions. »

La municipalité eut gain de cause.

M. Bertrand et ses professeurs restèrent au Collège de Nantua, qui, financièrement, était dans une situation si mauvaise qu'au mois de décembre, la municipalité adressait à MM. les administrateurs du département de l'Ain une requête que nous reproduisons intégralement :

« Le conseil général de la commune de Nantua, convoqué à la manière accoutumée, ayant pris en considération la requête présentée par MM. les directeur et professeurs du Collège de Nantua à MM. les administrateurs du département de l'Ain,

» Observe qu'il est de sa connaissance que le Collège de cette ville se trouve dans l'impossibilité d'acquitter les charges dont il est grevé, attendu que les revenus ont diminué considérablement la présente année par le défaut des pensionnaires qui sont en très petit nombre et par l'augmentation du prix des denrées, ce qui exposerait ce collège à manquer de nécessaire si l'administration ne daignait venir à son secours.

» La position de la ville de Nantua nécessite un collège ; sa grande route y amène naturellement les étrangers ; elle est environnée de toutes parts de montagnes escarpées qui empêchent que d'aucun côté on puisse faire semblable établissement à la distance d'au moins huit lieues. Les villes les plus proches qui en sont susceptibles sont Bourg et Saint-Claude. Si le Collège de Nantua tombait, tout ce qui compose son district, partie de celui de Belley, partie de celui de Saint-Claude, partie de celui de Saint-Rambert et partie de celui de Gex, serait privé de toute instruction. Il est certain que le département de l'Ain s'y rend, indépendamment de ce qui vient d'ailleurs, même de la Savoie et de la Suisse.

» La salubrité de l'air et des eaux contribue beaucoup à y fournir des écoliers, ainsi que le caractère des habitants qui se font un plaisir de loger à bas prix les enfants qui ne sont pas assez opulents pour entrer dans la pension du Collège.

» Il ne serait pas juste que la ville de Nantua fût privée d'un établissement aussi précieux ; il est au contraire de toute justice de le lui conserver. Il est peu de villes aussi fatiguées de charges publiques que Nantua. Le citoyen y loge maintenant le premier bataillon des volontaires de Rhône et de Loire composé de près de 600 hommes. Le moindre mouvement de troupes qui se passe sur la frontière a don d'entrer à Nantua. C'est une corvée pour le citoyen. S'il arrive quelques défiances pour les subsistances, c'est la municipalité de Nantua qui en a la surveillance très fatigante. Il est naturel que celui qui éprouve l'incommode soit dédommagé par le commode. Nantua n'ayant point de territoire qui puisse le faire subsister, il est nécessaire de conserver les établissements qui aident ses nombreux habitants à vivre.

» Sans le Collège de Nantua, les habitants des montagnes qui l'environnent croupiraient dans la plus grande ignorance, et il n'est pas douteux que l'instruction qu'ils y ont prise les a préservés des atteintes du fanatisme qui fait ailleurs tant de ravages.

» Les sujets qui dirigent présentement le Collège font l'édification du public, tant par leurs mœurs que par leur conduite extérieure, et on ne peut pas trop les recommander à la bienveillance du département ; ils sont maltraités par les directeurs de la maison de Lyon parce qu'ils se sont fait gloire d'obéir à la Constitution que leurs détracteurs abhorent.

» Le Collège de Nantua est pauvre ; il l'a toujours été ; sa pauvreté a augmenté par les reconstructions qui y ont été faites il y a environ quinze ans et qui ont produit une maison qui, sans être fastueuse, réunit toutes les commodités nécessaires à un établissement aussi précieux.

» Le conseil général de la commune de Nantua, après avoir ouï son procureur, est d'avis et en tant que de besoin invite les administrateurs du département de l'Ain à faire droit sur la demande des directeur et professeurs du Collège de cette ville, attendu l'exigeance du cas.

» Fait et arrêté en la maison commune ensuite du soit communiqué du directoire du district du jour d'hier, à Nantua, le 10 décembre 1791, par

» Claude-François Jantet, Jean-Baptiste Treppoz, Jacques Mercier, Michel Cabanet, Joseph Guichon, officiers municipaux, monsieur le maire absent ;

» Et par Pierre Lespinasse, Jean-Baptiste Morel, Claude-Joseph Hugonnet, Joseph Bilon, Noël Aymard, Claude Juillard, Jean-Joseph Chavand, Georges Butavand et Jean-Baptiste Rigollet, notables, qui ont tous signé, à l'exception de Claude-Joseph Hugonnet, qui a déclaré ne pas savoir. »

XVI

Les différends des officiers municipaux
de Nantua unis aux principal et professeurs du Collège contre la congrégation
des Joséphistes nous ont emmenés trop
loin.

Revenons à la fête du 14 Juillet, célébrée pour la seconde fois. Il y eut grand'
messe, à laquelle assistèrent la garde
nationale escortant la municipalité. Après
le *Te Deum*, M. Courtois, vice-président
du Directoire du district, s'est avancé
sur les gradins qui sont au milieu de la
nef et a dit :

Citoyens,

C'est à pareil jour que nos frères les gardes nationales de toutes les parties de cet Empire prêtèrent le
serment solennel de défendre la Patrie, de maintenir
cette liberté constitutionnelle dont le vœu de tous les
Français a consacré les principes ; ils jurèrent de
vivre libres ou mourir ; le même serment fut prêté
par tous les vrais Français.

Dans la crise où s'est trouvé depuis peu l'Etat (la fuite de Varenne et l'arrestation de Louis XVI), ils ont donné le plus grand exemple de modération et de soumission aux lois qui ont régénéré la France. Loin d'être attristés d'un événement qu'on ne pouvait prévoir sans crime, ils ont déployé l'énergie et la fermeté qui caractérisent le Français.

Lorsque la Patrie sera menacée, nous serons toujours invincibles si nous nous réunissons autour de la Loi ; et si nos ennemis formaient le projet insensé de nous attaquer, ils feraient l'épreuve de ce que peut une nation qui veut rester libre.

Si le calme et la tranquillité ont régné dans ce district, nous en sommes redevables, disons-le, à l'entier dévouement de ses habitants aux nouvelles lois.

Jurons donc tous en particulier d'être fidèles à la Nation et à la Loi, de maintenir de tout notre pouvoir la constitution du royaume, d'exécuter et faire exécuter tous les décrets de l'Assemblée nationale et enfin de sacrifier nos vies à l'exécution des lois et à la conservation de la Liberté.

Le 25 septembre, les officiers municipaux s'assemblèrent pour discuter une demande au sujet de la cession au département des cloches des églises paroissiale et des ci-devant bénédictins. L'assemblée communale décida « qu'il était à propos de conserver la plus grosse des cloches et la troisième dite de prime et de donner, en compensation de ces deux cloches, l'ancienne cloche de l'église paroissiale de Saint-Michel et du métal que l'on se procurerait avec l'aide du sixième provenant de la vente des biens nationaux ».

Les Nantuatiens, les Nantuatiennes surtout, tenaient à leurs cloches ; il y eut même un commencement d'émeute et les officiers municipaux durent écrire au *département* « que l'annonce de l'enlèvement des cloches a singulièrement bouleversé l'imagination de la population de cette ville qui se persuade que le culte divin est aboli par ce démembrement et que même il paraît se fomenter une opposition à l'enlèvement d'aucune des cloches de l'église ».

Nous reviendrons sur « l'histoire des cloches ».

Le 24 octobre, Nantua eut à loger six cents volontaires du département de Rhône-et-Loire, en plus du détachement de chasseurs d'Alsace. C'était beaucoup pour une petite ville menacée par la famine, il fallut faire des coupes blanches dans la « forêt communale du Mont-Daim ».

Le 23 novembre 1791, M. de Lombard, grand prieur du ci-devant chapitre Saint-Pierre de Nantua, déposa, sur le bureau de la maison commune, une adresse qui commençait ainsi :

A Messieurs les Officiers municipaux de la Ville de Nantua, département de l'Ain,

Je n'attendrai pas le terme fixé par le décret du 15 du présent mois relatif au serment civique prescrit à tous ecclésiastiques de l'empire français... Je fais le serment, par-devant vous, Messieurs, d'être fidèle à la Nation, à la Loi et au Roi, et de défendre, autant qu'il sera en mon pouvoir, la Constitution du Royaume en tous ses points, acceptée et sanctionnée par le chef suprême de la Nation française. Aussi, Messieurs, je vous proteste, jamais on ne me trouvera réfractaire

à cette promesse et à mon avis non moins précieuse
que celle que l'on a faite pour moi à mon baptême. Le
Fils de Dieu qui, en se faisant homme, s'est déclaré
le rédempteur de tout le genre humain, sans distinction
de tous les partis opposés ni du mode du culte si varié
dans notre religion même, me dicte lui-même cet engagement qu'exige tout ordre social par ces paroles :
*Non veni solvere sed ad implere legem ; redde Cesari
quod est Cesaris lex.*

Le 13 novembre, M. Butavand, que
l'on trouvait trop *rétrograde,* et dont les
amis, bien qu'ils fussent en majorité,
n'assistaient plus aux séances du Conseil
de la commune, fut remplacé comme
maire par M. Lépely, qui se récusa en
ces termes :

*A Messieurs les Officiers municipaux de la Ville
de Nantua,*

Mon âme est navrée de ce que les circonstances où
je me trouve m'empêchent d'accepter la place de maire
à laquelle mes chers concitoyens m'ont élevé.

Ce ne sont pas des affaires personnelles qui portent
obstacle à mon acceptation. Je suis convaincu que la
commune est persuadée de mon penchant naturel à
donner la préférence au bien de la chose publique et
qu'elle est loin de me soupçonner un patriotisme su-
perficiel ; je lui réitère au besoin mon offre à la Patrie
de mon temps, de ma fortune et de ma vie ; ma famille
est organisée des mêmes principes ; cette offre est
parti du cœur...

La lettre de démission de M. Lépely,
nantuatien et avocat à Paris, que nous
avons sous les yeux, a des passages sou-
lignés, sans doute par des ennemis, soit
qu'ils aient voulu signaler quelques légè-
res fautes de français, soit qu'ils aient
voulu en relever d'autres.

Le 27 décembre, M. Jean-Charles-
Marie de Lombard, prieur du chapitre

des ci-devant Bénédictins, fut élu maire de Nantua. Le même jour, M. Jean-Baptiste Alleygret fut nommé officier municipal, en remplacement de M. Marillac, qui avait donné sa démission à la suite de sa nomination comme commandant en second du 2me bataillon de l'Ain.

Le 27 décembre, sur l'invitation de la municipalité sollicitée par le commandant des volontaires de Rhône-et-Loire, les habitants de Nantua, munis de pioches et de pelles, vinrent niveler le terre-plein existant devant le prieuré et les cours y attenant, pour que lesdits volontaires aient un champ de manœuvre « vaste et commode ».

1792

XVII

Le commencement de l'année 1792 fut marqué par une série de petits faits peu importants. Les nouvelles maisons élevées sur l'emplacement des terrains appartenant aux ci-devant Bénédictins n'ayant pas de numéros, « ce qui créait une confusion pour les volontaires de Rhône-et-Loire hivernés dans cette ville », la municipalité fit numéroter d'office, dans les vingt-quatre heures, les immeubles de Nantua, en même temps qu'elle faisait assainir les égoûts qui, aux jours de dégel et de grandes pluies, tranformaient les rues en cloaques malsains.

La misère noire régnait partout, augmentée par la présence du 1er bataillon

des volontaires de Rhône-et-Loire, logés
et nourris par les habitants, chez qui ils
ne laissèrent pas les meilleurs souvenirs.
Aussi ce fut avec un véritable soulagement qu'on assista au départ du bataillon, départ qui eut lieu le 2 mars.
Maurice Vuarin, — premier commandant
de la garde nationale, par suite de la
démission de M. Maurice de Pradon, —
fut invité à trouver un officier, un sergent,
un caporal et six fusiliers pour remplacer
ledit bataillon au poste de la porte de
Genève.

Nous avons dit que la misère était
grande : cette délibération de la municipalité en fait foi :

Après avoir examiné combien il serait pénible aux
habitants de la ville de Nantua d'observer l'abstinence
ordonnée par l'Eglise pendant le Carême ont arrêté
que le curé serait prié, vu la cherté des denrées de
première nécessité, d'examiner s'il ne serait pas à
propos d'user envers ses paroissiens du pouvoir qu'ac-
corde à MM. les curés du mandement de monsieur
l'Evêque du département de l'Ain de permettre, pen·
dant la durée du Carême, l'usage de la viande les jours
de dimanche, lundi, mardi et jeudi de chaque semaine.

La municipalité avait fait nettoyer et
numéroter les maisons de Nantua ; il fut
bientôt question d'élargir et d'approprier
les prisons, — dont on allait avoir besoin
pour y enfermer les émigrés et les prêtres réfractaires, — à la suite d'un incident comique gravement relaté dans les
annales de la municipalité :

L'an 1792 et le 7 mars, environ les cinq heures de
relevée, le maire et les officiers municipaux soussignés
avec le procureur de la commune, sur l'avis qui leur a
été donné par Gabriel Layssard, concierge de la prison de Nantua, que le nommé Marmillon, détenu dans
une des prisons hautes de cette ville, en vertu d'un
jugement rendu au tribunal du district, faisait du bruit
dans la prison, qu'il avait essayé d'ouvrir, et qu'il
avait trouvé que ledit Marmillon s'était barricadé en
dedans, ils se sont transportés en ladite prison et ont

reconnu que ledit Marmillon s'était barricadé et qu'il refusait d'ouvrir la porte. Pourquoi ils ont enjoint au concierge d'enfoncer la porte, ce que celui-ci a essayé inutilement de faire ; ce que voyant les officiers municipaux, *par promesses et les voies de la douceur*, ont engagé ledit Marmillon à ouvrir la porte de la prison. Ce dernier *ayant condescendu* aux invitations réitérées des officiers municipaux, il ouvrit la porte. Il a été reconnu que ledit Marmillon avait enlevé quatre planches et plusieurs pierres dans la partie attenant au mur de la fenêtre.

Les officiers municipaux ont fait enlever tous ces matériaux pour ôter audit Marmillon tous moyens de se barricader de nouveau et se sont retirés dans la maison commune pour y dresser le présent procès-verbal et arrêter ce qu'il appartiendra pour la sûreté de la personne de Marmillon, mais auparavant ils ont encore reconnu, sur le rapport du concierge, qu'une première prison, au rez-de-chaussée, dans laquelle ledit Marmillon avait été introduit, était totalement dépavée, que les barreaux de la fenêtre étaient faussés et qu'il n'y avait point de serrure à la porte qui sert de vestibule à la maison d'arrêt.

⁓⁓⁓⁓⁓⁓

Le 6 avril, la municipalité fit une nouvelle visite des prisons et reconnut que la chambre des criminels était mal aérée et empestée par le baquet aux ordures.

⁓⁓⁓⁓⁓⁓

Le 16 mars, les volontaires du 1er bataillon de Rhône-et-Loire fut remplacé par le 1er bataillon des volontaires du Puy-de-Dôme. Ce fut à qui, parmi la plupart des Nantuatiens, essaîrait de ne pas avoir à loger les volontaires, et la municipalité dut prendre un arrêté « pour rétablir la justice distributive et obvier aux fraudes et aux abus qui règnent relativement au logement des troupes ».

⁓⁓⁓⁓⁓⁓

XVIII

Le 8 mai 1792, « le corps municipal assemblé à l'effet de procéder à l'état ou inventaire sommaire des meubles, effets mobiliers ou actions appartenant aux particuliers de cette municipalité qui se trouvent actuellement hors de ce département, conformément à la loi relative aux biens des émigrés, il a été procédé à la liste de ces derniers, soient absents de ce département, comme il suit :

» Jean-Jacques Chanaz-Ducoin ;
» Le fils puîné du sieur Marillac ;
» Les deux fils cadets du sieur Viola ;
» Le sieur Davrieux du Voërle ;
» Le sieur Archenbaut Duglas ;
» Le sieur Maurier de Pradon ;
» Les fils ecclésiastiques du sieur Jean Robin ».

Les sieurs Jacques Meinier et Michel Cabanet furent nommés députés pour assister les sieurs Vuarin et Crochet, commissaires à la rédaction des états soit inventaires des immeubles, effets mobiliers et actions des dénommés et émigrés.

Pour se conformer à un ordre du Directoire du département, la même commission avait déclaré, dans une séance précédente, qu'elle ne connaissait, comme corporations organisées à Nantua, que celles des tanneurs, chamoiseurs et cordonniers.

Le 11 mai, l'avocat Lépely, qui avait refusé de remplir les fonctions de maire de Nantua, acceptait le commandement en second de la garde nationale, à qui il était présenté sur la place d'Armes par M. Delombard (en un seul mot maintenant), maire et ancien prieur du chapitre noble, qui devait plus tard signer : Lombard.

Le 26 mai, sur la place d'Armes, eut lieu une autre cérémonie : la plantation d'un arbre de la Liberté, sur l'invitation qui avait été faite en ces termes par le sieur Clément, procureur de la commune :

Le soussigné, procureur de la commune, remontre à messieurs les officiers municipaux et en tant que de besoin à tous les concitoyens de Nantua que le patriotisme connu de chaque individu de cette commune ne peut et ne doit rester concentré dans le cœur d'un chacun, qu'il est temps que ce patriotisme s'épanouisse, paraisse en tout son jour et qu'à l'exemple de presque toutes les villes du Royaume, il en soit dressé un monument à la Liberté. Je n'ai pas besoin d'en détailler les motifs. Il suffira de vous annoncer que ce monument vous servira de signe de ralliement et vous rappellera le serment que nous avons tous prêté d'être fidèles à la Nation, à la Loi et au Roy. A ces fins, il invite le Conseil municipal d'arrêter qu'il sera planté un arbre au-dessus duquel sera placé le bonnet de la Liberté dans le lieu de la ville qui lui paraitra le plus convenable.

Le Conseil municipal répondit en ces termes :

Le Conseil municipal adhérant avec toutes sortes de satisfactions à l'invitation du procureur de la République ci-devant,

Arrête qu'il sera planté dans la place, au-devant de l'église, un arbre sur lequel sera placé le bonnet de la Liberté, que cet arbre sera planté cejourd'hui, invitant tous les citoyens à rendre hommage à ce monument de la Liberté.

Le Directoire du distict recevait chaque jour des dénonciations ; on venait surtout lui dire que des particuliers hostiles au nouvel ordre de choses, cachaient des armes ou donnaient asiles aux émigrés. Souvent ces dénonciations étaient fausses, et des perquisitions faites, notamment au « château d'Hotonnes », démontraient que les *justiciers* étaient ou des méchants ou de vulgaires *fumistes,* pour employer une expression moderne. Parfois même les *dénoncés* protestaient comme on va le voir.

Cejourd'hui dix-neuf mai mil sept cent quatre-vingt-douze, an quatrième de la Liberté, à trois heures de relevée, en la maison commune de Nantua et par devant le maire et officiers municipaux soussignés, est comparu le sieur Jean-Pierre Roset, citoyen demeurant à Brion, lequel nous a déclaré qu'il avait été surpris d'apprendre que, le douze de ce mois, le Directoire du district de Nantua avait adressé une lettre qui lui avait été écrite par cette municipalité, le onze précédent, à la municipalité de Brion, par laquelle il était accusé d'avoir débité à Nantua qu'il était arrivé nocturnement au château de Brion une certaine quantité de chariots chargés de munitions de guerre, ce qui avait décidé plusieurs particuliers de cette ville à demander à y aller en corps pour y faire perquisition ; que jamais lui comparant n'avait tenu de semblables propos, qu'en conséquence il nous requérait de lui donner acte de ses dires et de lui révéler les particuliers de cette ville qui lui faisaient tenir ces propos et de les faire citer sur le champ pour être confrontés avec lui comparant et que la lettre dont il s'agit fut billée avec d'autant plus de raison qu'il n'a jamais tenu les propos qui lui sont imputés et qu'il n'a jamais eu la moindre connaissance des faits qu'ils renferment, et que M. Chappa, dans le cas où il arriverait quelques événements désastreux au château de Brion, les lui imputerait comme seul moteur. Et a signé : ROSET.

A l'instant, le maire et officiers municipaux ont observé audit sieur Roset que le particulier qui lui faisait tenir les propos dont il s'agit était Pierre R. fils, marchand en cette ville, qui en était venu leur faire la dénonciation, en les requérant de lui donner des ordres pour faire la perquisition dont il est question.

Pierre R. fut cité verbalement par un sergent de ville, et sommé d'avoir à venir s'expliquer avec Jean-Pierre Roset, par devant le Conseil municipal ; malheureusement R. était absent, et de l'histoire des *chariots de munitions de guerre,* cachés dans le château de Brion, il ne resta que l'énergique protestation de Jean-Pierre Roset.

Au mois de juin, il fut encore question des cloches, que la Nation réclamait pour battre monnaie. La municipalité voulait bien en céder trois sur cinq, mais elle demandait à en garder deux au moins, celle dite de prime qui existait au clocher du ci-devant chapitre des Bénédictins et celle de la ci-devant Chartreuse de Meyriat, pour sonner les fêtes ou le tocsin ; la municipalité demandait également que « au cas où il existerait un

excédent de métal en faveur de la commune, ce métal fut converti en monnaie
et renvoyé dans ses coffres, les frais de
fabrication prélevés ».

La descente de la grosse cloche n'eut
pas lieu sans incident, s'il faut en croire
la délibération suivante :

Cejourd'hui 15 juin 1792, l'an quatre de la Liberté,
le Conseil général de Nantua, assemblé en la maison
commune, ensuite des plaintes verbales formées ce
jourd'hui relativement à la descente de la grosse
cloche des ci-devant Bénédictins par une quantité
considérable de femmes et de filles qui ont témoigné
s'opposer avec violence à cette descente en forçant
les ouvriers occupés à ce dernier ouvrage de se retirer du clocher ;

En conséquence, pour prévenir quelques insurrections, a arrêté qu'il serait publié sur le champ à la
manière accoutumée que tous les citoyens de cette
municipalité sont tenus de se rendre, sur les deux
heures de relevée, en l'église paroissiale de Saint-
Michel, pour délibérer et aviser au moyen de choisir
les cloches nécessaires pour l'usage et le service de
cette paroisse, renvoyant aux délibérations que le
Conseil général a ci-devant prises.

Les citoyens se rendirent en grand
nombre dans l'église Saint-Michel et décidèrent de conserver la grosse cloche
des Bénédictins, la cloche provenant de
la Chartreuse de Meyriat, et de céder
les autres à la Nation.

La santé de M. de Lombard, maire de
Nantua, était chancelante ; il se démit
de la plupart des fonctions attribuées
alors à sa charge, alléguant qu'il avait
plus besoin de repos et de tranquillité
que de remèdes, et que, si son rétablissement éprouvait trop de difficultés, il
prierait les notables de confier à un autre la place de maire.

Déjà, au mois de juin, M. de Lombard-Desmarest, — il signait alors : Lombard, — retenu par la maladie n'avait pu remettre solennellement à la garde nationale le drapeau constitutionnel qu'il lui avait offert. Ce drapeau tricolore portant l'inscription : « *Le Peuple Français, la Liberté ou la mort* », avec la devise, en forme de rubans : « *Bataillon de Nantua, département de l'Ain* », fut solennellement bénit et remit, en l'église des ci-devant Bénédictins, au lieutenant-colonel Lépely, commandant la garde nationale, au bruit de la caisse et de la musique du 72me régiment en station à Nantua, qui assistait à la cérémonie.

A l'occasion de la célébration de l'anniversaire de la prise de la Bastille, une fédération des gardes nationales du district devait avoir lieu à Nantua, mais un événement considérable, — la déclaration de la Patrie en danger, — vint arrêter les préparatifs de la fête.

Le 17 juillet, le sieur Clément, procureur de la commune, fit publier l'arrêté suivant :

Vu la loi du huit du présent mois qui fixe les mesures à prendre quand la Patrie est en danger, le procureur de la commune de Nantua requiert la prompte exécution de la loi du huit de l'acte du Corps législatif du douze.

En conséquence et en conformité du procès-verbal du directoire du département de l'Ain, que le Conseil général de la commune soit convoqué sans délai et reste en surveillance permanente ; qu'injonction soit faite aux citoyens de déclarer dans les vingt-quatre heures le nombre et la nature des armes et munitions dont ils sont pourvus sous les peines portées par l'article 4 de la loi du huit, qu'à cet effet il soit ouvert un registre qui sera paraphé par monsieur le maire ;

qu'injonction soit pareillement faite aux citoyens dépositaires d'armes nationales, de les remettre sous les trois jours entre les mains de MM. les officiers municipaux, avec invitation à tous les citoyens de se conformer aux autres dispositions de la loi du huit du présent mois ; leur rappelle qu'ils doivent être dans un courage calme, attendre pour agir le signal de la Loi et vivre dans la plus parfaite union, s'ils veulent vaincre les ennemis de la Patrie.

Le 12 août 1792, le Conseil général de la commune de Nantua, pour mettre à exécution le décret de l'Assemblée nationale qui autorisait l'échange de la ci-devant église des Bénédictins, s'est rendu en corps dans l'église de la ci-devant paroisse, sur les dix heures du matin, où se trouvaient M. Joseph Laporte, curé de cette ville, et M. Bertrand, supérieur et prêtre de la ci-devant congrégation de Saint-Joseph.

MM. Laporte et Bertrand ont été accompagnés par ledit Conseil général de la commune à ladite église de la ci-devant paroisse en celle des ci-devants Bénédictins, en procession et au son de la musique du Ier bataillon du Puy-de-Dôme. En l'église des ci-devants Bénédictins, il a été procédé à la célébration d'une messe solennelle. Ensuite le *Te Deum* a été chanté. Le Conseil général de la commune et le sieur Laporte, curé, ont pris possession de ladite église pour y faire à l'avenir le service de cette paroisse sous le vocable de saint Michel, dont la fête de la dédicace demeure fixée au dimanche qui précède la fête de l'Assomption, le tout conformément aux pouvoirs transmis par ledit curé par M.

l'évêque. Le Conseil général s'est ensuite rendu en la maison commune avec ledit curé Laporte, pour procéder au procès-verbal de l'installation.

M. Royer, évêque de l'Ain, avait, quelques jours avant la translation du service divin en l'église des Bénédictins, écrit au curé Laporte la lettre suivante :

De Belley, le 26 juillet 1792, an 4 de la Liberté.

Je suis persuadé, monsieur et cher coopérateur, que messieurs les officiers municipaux seconderont votre zèle pour donner à la translation du service paroissial dans l'église des ci-devants Bénédictins toute la solennité qu'exige cet acte religieux qui doit être annoncé au prône pour inviter les paroissiens à s'y trouver. Vous dresserez un procès-verbal de cette translation, et, à l'avenir, vous choisirez le jour de cette translation pour l'anniversaire de la dédicace de votre nouvelle église paroissiale. Quant au patron, je vous autorise également à conserver et à choisir celui de votre ancienne paroisse ou de choisir saint Anthelme, patron du diocèse de Belley, ou même tout autre saint que votre municipalité préférera.

Le jour de la translation, vous devez porter processionnellement le Saint-Sacrement, les vases sacrés et les reliques qui peuvent se trouver dans votre ancienne paroisse. Il conviendrait qu'on prononçât un discours analogue à la cérémonie.

Dans le cas où le cimetière serait transféré, il faudra avoir soin, lorsque les cadavres seront consumés, de faire passer les terres dans plusieurs claies pour porter ensuite les ossements dans le nouveau cimetière. Il faut observer la même chose dans tous les endroits de l'ancienne église ou chapelles qui auraient servi à inhumer les fidèles, et le jour de cette translation célébrer les saints mystères pour le repos des âmes des fidèles, ayant soin d'annoncer le jour de ce transport des ossements, et de faire ce transport avec la décence et le respect qu'inspire la Nature et que la Religion a sanctifiés.

Signé : J.-B. ROYER,
évêque du département de l'Ain.

XIX

La situation de Nantua était misérable, à l'automne de 1792. Quelques personnes charitables, le citoyen Demoulin le premier, avaient bien donné quelque argent pour venir en aide aux familles dont le chef ou les enfants, répondant au cri de : « la Patrie en danger », s'étaient enrôlés dans un moment d'enthousiasme patriotique, mais la petite ville ployait sous le poids de charges multiples ; la famine était menaçante ; l'ennemi était à nos portes, en Savoie ; les réquisitions succédaient aux réquisitions, et il n'était pas de maison qui n'eût quinze militaires ou vingt recrues à loger. On avait organisé, sous les ordres du citoyen Saxe, directeur des ponts et chaussées, des « chantiers de charité », qu'on occupait au nivellement de la place d'Armes, en face de l'église des ci-devants Bénédictins. Une délibération du 18 octobre de l'an 1er de la République française édifiera le lecteur sur la misère noire qui régnait dans notre ville.

Le 17 octobre, le citoyen Pinaut, sous-lieutenant du 10e bataillon de la Gironde, se présentait devant le Conseil de la commune et lui annonçait que, chargé par l'état-major de la conduite des équipages et des effets de remplacement, il demandait qu'on lui désignât immédiatement un lieu convenable pour loger les équipages et les effets dont il avait la garde et le commandement. Le citoyen lieutenant Pinaut annonçait en même temps que le général Montesquiou donnait des ordres pour que 200 recrues du 6me bataillon de la Gironde soient envoyés à Nantua où ils resteraient en dépôt.

Ce fut un tollé général parmi les membres de la commune « qui représentèrent que, depuis les principes de la Révolution, leurs concitoyens avaient montré le plus grand zèle pour la chose publique, soit en faisant le service de la garde nationale, soit en logeant leurs camarades, soit enfin en fournissant de nombreux volontaires aux armées, mais qu'ils voyaient avec la plus grande douleur que les communes qui formaient l'arrondissement du district de Nantua s'étaient refusées constamment à contribuer au passage des troupes et à fournir les lits qui leur avaient été demandés par l'administration ;

» Que les recrues du Puy-de-Dôme

étaient une charge au-dessus de toute
expression pour la commune de Nantua,
qu'ils préféraient à tous égards des troupes réglées et disciplinées, que les recrues de la Gironde ne feraient qu'augmenter les charges que l'on éprouve
journellement, qu'ils croyaient servir
utilement leurs concitoyens en demandant que le Conseil général délibérât
sur les moyens à prendre pour procurer
un soulagement à la commune qui est
chargée à chaque instant de recevoir des
troupes qui passent et repassent ;

» Invitent le citoyen Montesquiou, général de l'armée du Midi, à prendre en
considération les charges continuelles de
la commune de Nantua, comme encore
à autoriser l'administration à répartir,
dans les paroisses qui forment son arrondissement et sur les routes nationales,
les différentes recrues qui sont envoyées
à Nantua, pour mettre à même cette ville
de pourvoir aux logements de passage. »

Le 16 septembre 1792, le Conseil général de la commune décida l'acquisition
des biens vendus comme nationaux provenant des Religieuses dames Augustines, savoir l'église, le jardin, le verger
et ses dépendances, pour y établir les
corps administratifs, tribunaux de district, bureau de paix et de conciliation,
maison d'arrêt et de détention et municipalité. (Le couvent des dames Augustines se trouvait sur l'emplacement occupé aujourd'hui par la sous-préfecture
et par la maison Touillon.)

Depuis longtemps, la municipalité de Nantua qui prétendait avoir à se plaindre du citoyen Ducoin, directeur du bureau de la poste, qui n'était pas partisan des idées nouvelles et dont les parents avaient passé à l'étranger, prit une délibération ainsi conçue :

Le 19 septembre 1792, l'an quatrième de la Liberté et de la Légalité le 1er. M. le maire a dit qu'il était instant pour la sûreté générale de prendre toutes sortes de précautions pour dévoiler les complots des gens mal intentionnés ; que depuis nombre d'années et notamment depuis la Révolution, le sieur Ducoin, directeur de la Poste aux lettres de cette ville, recevait clandestinement et faisait passer de la même manière différentes lettres adressées par les émigrés à leurs parents, qu'il entretenait lui-même une correspondance avec son frère émigré, que plusieurs personnes suspectes, à l'arrivée de chaque courrier, se rendaient chez ledit sieur Ducoin, y tenaient un comité et emportaient 'primitivement toutes les correspondances avant que le public fût servi, que Nantua se trouvant situé à trois lieues du pays occupé par l'ennemi, il était indispensable, pour interrompre toute communication et en vertu de la Loi, de mettre le sieur Ducoin ainsi que les pères et mères des émigrés, en lieu de sûreté et de nommer deux commissaires pris dans le sein du Conseil général de la commune ou dehors pour continuer le service de la poste aux lettres ; que cette mesure est d'autant plus indispensable qu'il n'est point de citoyen de cette ville qui n'ait formé par devant cette municipalité des plaintes contre ledit sieur Ducoin relativement aux prévarications qu'il a commises dans ses fonctions en décachetant des lettres et en les faisant tenir toutes décachetées à leurs adresses ou en retardant de plusieurs jours les lettres ;

Qu'il est instant de désarmer tous les citoyens de cette ville suspect ; que cette mesure est impérativement prescrite par la Loi ; qu'il sera nécessaire de députer sur-le-champ un citoyen auprès de MM. les commissaires de l'Assemblée nationale au camp de Cessieux, commandé par M. Montesquiou, à l'effet de leur exhiber cette délibération en les invitant d'agréer les mesures qu'elle renferme et qui sont en outre annoncées dans une lettre qui leur est annoncée par le sieur Saint-Charles, commissaire patriote envoyé dans ce département, ou d'autoriser le citoyen qui fera cette part, député en lui conférant des pouvoirs illimités, à l'effet de remédier aux maux qui nous menacent ;

En conséquence, le Conseil a arrêté unanimement que ledit sieur Ducoin sera mis en état de sûreté ainsi que les pères et mères des émigrés notoirement connus dans cette ville, que les scellés seront apposés sur leurs papiers et correspondances, que leurs armes seront déposées en la maison commune pour être délivrées aux braves citoyens qui se présenteront pour voler à la défense de la Patrie.

Le sieur Brachet, citoyen patriote, fut chargé d'aller porter cette délibération aux citoyens Michaud et Huguenin, commissaires ayant des pouvoirs illimités de l'Assemblée nationale. Les citoyens Jantet et Treppoz furent chargés de recevoir et de faire partir de la maison commune les paquets de lettres, après que le sieur Claude-Charles Chana-Ducoin eût donné une démission que, du reste, on ne lui avait pas demandée.

On verra plus loin la réponse qui fut donnée à la pétition de la municipalité nantuatienne.

Le citoyen Clerc, notaire royal, fut ensuite nommé directeur de la poste par le citoyen Rolland, ministre de l'Intérieur ; le citoyen Clerc refusa cette fonction sous prétexte qu'il était myope, et il fut remplacé par le citoyen Louis-François Millier, homme de loi.

Pour se conformer à la loi du 20 septembre, le Conseil communal de Nantua nomma Claude-Joseph Jantet comme fonctionnaire chargé de recevoir et conserver à l'avenir les actes destinés à constater les naissances, mariages et décès.

A la même époque, les citoyens François Jagot, Joseph Bilon, Joseph Guichon et Claude-François Carrier furent nommés commissaires chargés des visites domiciliaires.

XX

Il y eut à Nantua, le 7 novembre 1792, an premier de la République, sur la place de la Révolution, — ancienne place du Prieuré, ancienne place des Tilleuls, ancienne place d'Armes, — une fête civique pour célébrer le succès des armes françaises en Savoie.

A 3 heures du soir, les administrateurs et les juges du tribunal du district, le juge de paix et ses assesseurs et les membres composant le bureau de conciliation, se rendirent en cortège sur la place de la Révolution. Ce cortège était précédé d'une artillerie de cinq pièces escortées par la gendarmerie nationale ; il était suivi des vétérans et de la garde nationale, qui forma le bataillon carré au bas de l'estrade sur laquelle montèrent les magistrats. Cette estrade était dominée par une statue de la Liberté s'appuyant sur une pique surmontée du bonnet phrygien et foulant aux pieds un aristocrate enchaîné.

Après plusieurs décharges d'artillerie, les anciens drapeaux de la garde nationale et de la ville furent apportés sur la place de la Révolution et brûlés au pied de l'arbre de la Liberté, puis le corps municipal chanta le cantique de la Nation (1).

Le cantique de la Nation achevé, tous les corps sont descendus de l'estrade et ont entouré l'arbre de la Liberté que chacun a embrassé, et, selon son rang, a défilé dans le même cortège jusqu'à la porte de Lyon en chantant les triomphes de la République française. La cérémonie finie, toute la ville a été illuminée, sur l'invitation du corps municipal, et tous les citoyens se sont empressés à l'envi les uns des autres de manifester leur allégresse (2).

---

(1) La *Marseillaise* que nous connaissons est reproduite dans le procès-verbal de la fête civique du 7 novembre, avec ce huitième couplet que nous n'avons jamais entendu :

> Que l'Amitié, que la Patrie
> Fassent l'objet de tous nos vœux ;
> Ayons toujours l'âme nourrie
> Des feux qu'ils inspirent tous deux ;
> Soyons unis, tout est possible,
> Nos vils ennemis tomberont :
> Alors les Français cesseront
> De chanter ce refrain terrible :

Aux armes, citoyens ! formez vos bataillons,
Marchez ! qu'un sang impur abreuve nos sillons !

(2) Encore une fois, nous tenons à conserver les expressions et les tournures des procès-verbaux de l'époque qui leur donnent une saveur particulière.

Le 2 décembre fut installé le nouveau tribunal du district de Nantua. Ce tribunal était composé des citoyens Butavand, Prost et Baudin, juges ; Ravinet, commissaire national, et Domange, greffier.

Le 4 décembre, le citoyen Claude-Marie Humbert, avocat, remplaça à la mairie le citoyen Lombard, — ci-devant François-Barthélemy de Lombard de Mars, ex-grand prieur du chapitre noble de la terre de Nantua.

Le 8 décembre eut lieu l'élection du tribunal de conciliation. Les citoyens Robin, Meiller, avocat, Laporte, curé, Bertrand, principal du Collège, et Jagot, médecin, eurent la pluralité des suffrages.

On a vu, dans un précédent article, que la municipalité avait chargé le citoyen Brachet de porter aux délégués Michaud et Huguenin une plainte contre le sieur Claude-Charles Chana-Ducoin, directeur de la poste aux lettres, qu'elle accusait d'être de connivence avec les suspects et les émigrés et d'ouvrir ou de retarder les correspondances des patriotes. M. Delilia-Decroze, représentant du Bugey, avait appuyé cette plainte, à laquelle répondit en ces termes le directeur général des postes :

Paris, ce 20 septembre 1790.

J'ai reçu, Messieurs, la lettre que vous m'avez fait l'honneur de m'écrire le 19 de ce mois. Les deux informations que j'avais déjà fait faire sur votre plainte du 17 mars dernier ont dû vous prouver, Messieurs, tout le désir que j'avais d'acquérir des preuves des soupçons que vous aviez conçus contre le directeur des postes de Nantua. Le résultat de ces deux informations faites sur le témoignage des personnes que vous aviez indiquées, loin de tourner à la charge du directeur, ont été totalement en sa faveur. Je ne peux donc que le regarder comme justifié des inculpations énoncées dans cette plainte ; c'est l'observation que j'ai déjà faite à MM. de Lilia en leur communiquant toutes les pièces de cette affaire.

Par votre dernière lettre, Messieurs, vous vous plaignez de retard d'un, de deux et de trois jours dans la réception de ces lettres que M. de Lilia vous a adressées depuis le 4 juillet dernier. Je vous prie de considérer que ce retard peut avoir toute autre cause que la négligence ou la partialité du directeur auquel vous semblez l'attribuer.

Il arrive quelquefois, vous pouvez en juger vous-mêmes, que le courrier de Paris n'arrive à Lyon qu'après l'expédition du courrier pour Genève, alors les dépêches de Paris pour Nantua séjournent à Lyon d'un ordinaire à l'autre. Malgré l'exactitude de M. de Lilia à mettre lui-même ses lettres au bureau établi à l'Assemblée nationale, il est possible que quelquefois elles ne soient apportées à l'hôtel des Postes qu'après l'heure prescrite pour la fermeture des dépêches destinées pour Nantua et que, par conséquent, elles restent pour l'ordinaire suivant. Enfin, l'exactitude avec laquelle M. de Lilia reçoit vos lettres est une présomption aussi forte en faveur du directeur que celle que l'on pourrait tirer contre lui du retard qu'éprouvent celles qui vous sont adressées de Paris.

J'ai l'honneur d'être bien sincèrement, Messieurs, votre très humble et très obéissant serviteur,

RIGOLEY.

L'année 1792 finit au milieu des plaintes portées par les Nantuatiens contre les gens de la Michaille et du Pays de Gex qui venaient commercer dans cette ville et qui leur donnaient souvent, en échange de leurs marchandises, de faux assignats. Ajoutons que presque toujours Gessiens et Michaillans prouvèrent qu'ils étaient de bonne foi et qu'ils avaient accepté les yeux fermés, — à Genève ou ailleurs, — de faux papiers-monnaie de la République française.

1793

XXI

Edgar Quinet, dans sa *Révolution,* dit : « Les Jacobins montrèrent une impatience fièvreuse pendant le procès de Louis XVI. Il leur semblait que la vie du roi était le seul obstacle à l'avenir tel qu'ils l'entrevoyaient. Si la paix manquait, la faute en était au Temple. Le roi mort, tout deviendrait facile. L'Europe serait épouvantée, la guerre abrégée, la victoire décisive, l'*abondance assurée*, les partis résignés ou éteints ».

On verra plus loin que la mort de Louis XVI ne rendit guère meilleure la situation de la petite ville de Nantua et de son district, épuisés par le passage ou le séjour de troupes, menacés de la famine, pillés, — il faut le dire, — par les volontaires sans discipline qu'on lui envoyait un peu de partout... Nous n'insistons pas et nous ne voulons pas toucher aux légendes. Nous insérerons les documents que le lecteur commentera à sa manière ; nous ne voulons attirer l'attention que sur un fait, — signalé dans la préface de cet ouvrage, — que les libéraux de 1789, que les républicains de la première heure devinrent des suspects en 1793, que des trembleurs ou des ambitieux se pendirent au basque d'Albitte, brisèrent les vitraux et le portail de l'église abbatiale de Nantua, brûlèrent les stalles et les lutrins, jetèrent aux quatre vents les chartes et les terriers, titres précieux de propriétés achetées par les Nantuatiens qui s'étaient substitués aux Bénédictins, — et si nous allons plus loin, si nous écrivons l'histoire de la Terreur blanche, à Nantua et dans son district, nous montrerons ces mêmes trembleurs adorant ce qu'ils avaient brûlé, se courbant devant les autels, et accueillant, avec la platitude qu'ils avaient montrée envers les délégués de la Convention, le sous-préfet qu'avait bien voulu leur envoyer le bon roi Louis XVIII.

Il y eut quelques troubles à Nantua, à la suite de la mort de Louis XVI votée par Deydier, Gauthier, Merlino et Jagot, députés de l'Ain (Mollet et Royer avaient voté la détention et le bannissement à la paix) ; tous les parents d'émigrés durent se faire donner des certificats de résidence.

Cependant la municipalité de Nantua tenait à conserver une cloche que le directoire du département lui réclamait,

— la dernière, celle qui venait de la cy-devant Chartreuse de Meyriat ; — elle offrit de donner au directoire, en échange de la cloche « avantageuse et utile pour le bien et la commodité des citoyens », du métal de même poids et de même valeur. Les Nantuatiens n'avaient pas goûté cet article du *Logographe :*

« Maintenant, avant d'étendre davantage le service des assignats, c'est à l'Eglise qu'on s'adresse. On va créer de la monnoie de cuivre, et c'est dans les airs qu'on exploitera désormais la mine qui doit la fournir. Une énorme quantité de cloches plus qu'inutiles ne résonneront bientôt plus qu'en gros sous ».

Pour en finir avec « l'histoire des cloches », disons qu'une quête fut faite à domicile par le curé Laporte et le principal Bertrand, que cette quête produisit 1400 livres destinées à désintéresser le gouvernement ; mais que la misère fut si grande, à l'automne de 1793, que la municipalité nantuatienne résolut de garder cette somme pour acheter du blé, — en sorte que la Convention n'eut ni la cloche, ni la monnaie.

La question des blés primait toutes les autres. Chaque jour apportait une terreur nouvelle dans la petite ville que la famine menaçait. Une fois, les Comtois s'abstinrent d'amener des blés sur le marché. Il y eut presque une émeute. Les officiers municipaux furent obligés de distribuer eux-mêmes les grains qui étaient restés entreposés dans les boutiques, « même en l'absence des propriétaires desdits grains ». « D'après le recensement que nous avons fait, écrivaient les officiers municipaux au directoire du département, il résulte que nombre de citoyens en est dépourvu et que les autres n'en ont que leur nécessaire jusqu'à la récolte ».

Une autre fois, Kellermann enjoignit au citoyen Demoulin, intendant militaire à Nantua, d'envoyer au dépôt de Ferney tous les blés qu'il avait en magasin et qui étaient nécessaires à la nourriture de l'armée des Alpes. L'intendant Demoulin crut devoir communiquer l'ordre de Kellermann à la municipalité qui prit la délibération suivante :

> Le conseil de la commune, pénétré de l'importance attachée à l'approvisionnement de l'armée, considérant combien il est intéressant de suivre la destination des grains qui est faite pour elle, de veiller qu'il n'en soit pas exporté à l'étranger, de dissiper les inquiétudes qui s'élèvent sur la sortie des blés et de prévenir les troubles qui pourraient en résulter dans cette ville où les citoyens ont peine à s'approvisionner pour leur propre subsistance par la grande cherté et la rareté des grains qui s'éprouvent depuis quelque temps, a unanimement arrêté, comme mesure de police et sûreté, que le citoyen Demoulin conserve, dans le magasin des subsistances militaires établi dans cette ville, cinq cents quintaux de froment ou de farine d'icelui, pour l'entretien d'un bataillon pendant deux mois, que protection leur sera accordée pour les envois qu'il fera de l'excédent...

La municipalité allait bientôt encore avoir affaire avec le général en chef de l'armée des Alpes. Les volontaires du second bataillon de l'Ariège cantonnés à Nantua s'y conduisaient comme en pays conquis. Le citoyen maire Humbert fut chargé de porter l'adresse suivante

à Kellermann, dont le quartier général
était alors à Chambéry :

Informés par le bruit public et convaincus par nous-
mêmes qu'il s'est élevé du mécontentement entre les
volontaires du second bataillon de l'Ariége, stationnés
en cette ville, et les citoyens du même lieu, qu'il y a
même eu des propos menaçants de la part des premiers et que leur indisposition augmente journellement ;

Craignant que l'autorité des chefs ne soit pas assez
forte pour en arrêter les progrès et qu'il n'en résulte
des suites sinistres ;

Persuadés d'ailleurs que le long séjour qu'ils ont
fait dans cette ville, y étant depuis le mois de novembre dernier, leur a procuré des liaisons et des con-
naissances particulières qui entraînent ordinairement
à des partis et sont peut-être en ce moment en partie
la cause des alarmes dont nos oreilles ont été frap-
pées ;

Pénétrés de l'importance d'entretenir la bonne harmonie et la tranquillité dans cette cité où règnent le
meilleur patriotisme et le plus grand respect pour les
lois, et considérant combien il serait malheureux si
quelque trouble venait éteindre d'aussi beaux sentiments, nous avons unanimement nommé le citoyen
Humbert, maire, pour se rendre au quartier général
de l'armée des Alpes et porter nos sollicitudes au
quartier général de cette armée, le prier de vouloir
bien les prendre en considération et, en conséquence,
donner des ordres dans le plus court délai pour le
changement de garnison dudit bataillon.

Le 3 mars, pour se conformer aux ordres venus de Paris, il y eut une élection
dans la gendarmerie de Nantua afin d'envoyer un homme chargé d'occuper une
place vacante dans une des deux compagnies chargées de veiller à la sûreté
de la Convention. Le brigadier Jacques
Merle obtint la pluralité des suffrages et
partit bientôt pour Paris.

Quelques jours plus tard, l'Assemblée
requit les citoyens possesseurs d'unifor-
mes et de fusils de les livrer pour vêtir
et armer les volontaires nantuatiens.

Peu de citoyens répondirent à l'appel de la municipalité, si nous en jugeons par la liste suivante :

Paul Meinier, marchand, un habit estimé 60 livres.
Lecot, tourneur, un habit estimé 45 livres.
Bernardin Allégret, fabricant, un habit estimé 36 livres.
Jean-Antoine, fils de Jean-Gaspard Butavand, un habit estimé 60 livres.
Perrin, horloger, un habit et une culotte estimés 66 livres.
François Jagot, un fusil de munition avec sa bayonnette.
Joseph Bilon, marchand, un fusil de munition avec sa bayonnette.
Ducoin l'aîné, un fusil de munition avec sa bayonnette.

Il fallait bien songer à armer de nouveau la garde nationale et surtout les membres de la *Société populaire* et de la *Société des Amis de la Constitution ;* on envoya de Paris des piques non emmanchées que la municipalité fit mettre en état pour qu'elles puissent être distribuées aux citoyens les moins aisés, « *en cas de besoin* ».

Les fusils de la garde nationale étaient aussi à réparer, un armurier fut chargé de les visiter au plus tôt, *vu les circonstances ;* et le citoyen commandant de la garde nationale ayant observé que le tambour manquait de culottes et de souliers, que son habit avait besoin d'être retourné, et qu'il avait également besoin d'un chapeau, le citoyen Ravinet fut chargé par la municipalité de faire retourner l'habit du tambour et de lui acheter le reste : savoir les culottes, les souliers et le chapeau.

Les fusils étaient à peine réparés que la municipalité nantuatienne recevait des représentants du peuple, Bois-Crancé et Gauthier, l'ordre d'envoyer à Bourg, pour marcher sur Lyon, dix citoyens de la garde nationale. Le lendemain, le directoire du département réclamait un gendarme pour aller faire la police de l'armée des Alpes. Le citoyen François Collet s'offrit volontairement et se rendit au quartier général.

Mais tout le monde n'avait pas le patriotisme du gendarme François Collet. On avait réclamé des cavaliers pour l'armée ; des jeunes, désignés par le sort, gagnèrent la frontière. La municipalité prit alors un arrêté concernant les citoyens « qui s'absentent fréquemment de cette ville par le moyen de passeports qu'ils obtiennent pour vaquer à leurs affaires ; attendu que, dans ce moment, il était intéressant plus que jamais d'être circonspect dans la délivrance des passeports, pour qu'aucun citoyen sujet aux levées prochaines qui doivent se faire ne puisse s'en soustraire ;

» Arrête qu'il ne sera accordé aucun passeport aux citoyens de cette ville parvenus à l'âge depuis dix-huit ans jusqu'à quarante ans ayant cinq pieds deux pouces, jusqu'à ce qu'il ait été procédé, dans Nantua, à la levée du contingent pour le recrutement de la cavalerie ;

» Que cette levée étant faite, il n'en sera point délivré aux garçons, veufs et hommes mariés sans enfants, depuis l'âge de dix-huit jusqu'à vingt-cinq ans, et que, hors ces deux cas, il pourra en être accordé, pour un temps limité, aux citoyens de cette commune qui seront tenus de constater de la nécessité de leurs voyages et d'indiquer les lieux où leurs affaires les appelleront ; bien entendu, néanmoins, qu'il ne pourra, dans aucun cas, être accordé des passeports pour voyages hors l'étendue de la République. »

XXII

On venait de mettre à exécution la loi sur les accapareurs et nommant des commissaires chargés de vérifier « l'existence des marchandises et des denrées de première nécessité qui doivent être déclarées par les citoyens qui en tiennent en dépôt dans les magasins et boutiques », quand fut publié l'arrêté du Conseil général du district de Nantua, tarifant ainsi les objets de première nécessité désignés dans l'article 1er du décret de la Convention du 29 septembre :

Le vin, 10 sols le pot.
L'eau-de-vie, 20 sols le pot.
Le vinaigre, 12 sols le pot, le tout de la mesure de Nantua.
La bière, 8 sols la bouteille (bouteille noire).
La douzaine d'œufs, 8 sols.
Le fromage persillé de première qualité, 12 sols la liv.
Le fromage vulgairement appelé tomme, 10 sols la liv.
Le fromage de chèvre, 8 sols la livre.
Le pain blanc, pur froment, de première qualité, 5 sols la livre.

Le pain bis, aussi pur froment, et dont le son sera levé, 3 sols et 6 deniers la livre.

Le tabac en poudre, première qualité, 2 sols l'once, le tout au poids de Nantua, excepté le tabac qui est vendu au poids de marc.

Les pommes de terre, mesure comble, à 15 sols la mesure.

Les raves, à 10 sols la mesure, aussi mesure de Nantua.

Vin nouveau du cru des districts de Bourg, Belley et Saint-Rambert, de première qualité, à raison de 12 sols le pot, mesure de Nantua.

Vin vieux de Cerdon, à raison de 8 sols la bouteille de verre noir bouchée.

Vin vieux du Valromey, à raison de 10 sols la bouteille de verre noir bouchée.

Vin blanc des districts de Bourg, Belley et Saint-Rambert, de première qualité, à raison de 14 sols le pot, mesure de Nantua.

La paire de poulets et des plus beaux, 25 sols.

Un coq, 15 sols.

Une poule, 15 sols.

La livre de la truite et de la perche du poids de deux livres et au-dessus, chaque pièce, poids de Nantua, 15 sols.

La livre de brochet et de la carpe prise dans le lac de Nantua, du poids de deux livres et au-dessus, chaque pièce, 12 sols.

La livre de la truite au-dessous du poids de deux livres, chaque pièce, 12 sols.

La livre de la perche et du brochet au-dessous du poids de deux livres, chaque pièce, 12 sols.

L'ombre et la tanche, à raison de 10 sols la livre.

Le poisson blanc, tel que celui vulgairement appelé échatout, la rousse, la brème et le barbeau, à raison de 6 sols la livre, poids de Nantua.

Le plus gros lièvre, 45 sols.

Les taxes communales ne pouvaient rien contre la disette. Au mois d'octobre, le citoyen Lépely fut chargé de se rendre à Bourg, pour représenter au directoire du département que Nantua, réquisitionné par l'armée des Alpes, épuisé par une garnison trop nombreuse et par un passage incessant de troupes, était menacé de mourir de faim. A Bourg, on répondit que la Bresse elle-même, « surtout du côté du midi », n'avait du blé que pour sa consommation, mais qu'on donnait à Nantua l'autorisation de réquisitionner des grains dans le département du Jura, qui en était abondamment pourvu. Le citoyen Lépely revint à Nantua ; on lui confia, avec l'arrêt de réquisition, cinq mille livres pour aller acheter des blés à Dôle.

En même temps que le citoyen Lépely quittait Nantua, le citoyen Michel Cabanet partait pour acheter des chevaux que réclamait la Convention à chaque district et dans des conditions telles qu'on n'avait pu se les procurer dans la région. Michel Cabanet avait été délégué par l'assemblée communale de Nantua, et par les citoyens Jean-Baptiste Taravel et Benoît Martin, officiers municipaux de Charix, Jean-Baptiste Julliard et Jean-Baptiste Guillot, des Neyrolles, et Joseph Berthet-Bondet, officier municipal, représentant Lalleyriat et le Poizat.

L'assemblée communale, après avoir taxé les denrées de première nécessité, fixa ainsi le prix des journées d'ouvriers :

Chapelier, 37 sols.

Cordonnier, par paire de souliers de première qualité, vingt-deux sols.

Menuisier, charpentier et maçon, cinquante sols.

Tailleur de pierre, 3 livres.

Tailleur pour façon d'habit, veste et culotte, 7 livres dix sols, et pour façon d'une paire de guêtres, 20 sols.

Faucheur, en lui donnant la nourriture, 15 sols.

Manœuvre, en le nourrissant, 12 sols.

Manœuvre, sans le nourrire, 36 sols.

Laveuse de lessive, en la nourrissant, 7 sols.

Les apprentis de chaque état auront, par jour, la moitié de la somme accordée à leurs maîtres.

Après les denrées de première nécessité et les journées d'ouvriers, on taxa les clous : longues pointes, diamants,

maltaillées, broquettes, pointes de Paris,
etc., et puis on obligea les marchands à
ne livrer qu'aux chefs de familles les objets de première nécessité soumis à la
taxe et à inscrire sur un registre en papier libre les noms, états et demeures de
chaque citoyen acheteur ; d'inscrire également les qualités, quantités et prix des
marchandises, de même que les jours de
délivrance. L'assemblée communale arrêta encore qu'aucun particulier ne pourrait faire des provisions pour plus d'un
mois ni plus de huit jours avant la consommation de celles dont il serait pourvu.

Ces mesures, qui paraissaient exces-
sives, étaient dictées par la peur de la
famine. Le citoyen Placide Lépely était
revenu de Dôle comme il était revenu de
Bourg, sans avoir pu obtenir un sac de
blé ; à Dôle, comme à Bourg, on avait
dit qu'on compâtissait aux misères des
Nantuatiens, on avait envoyé aux frères
de l'Ain l'assurance des sentiments de
fraternité et de dévouement, et voilà
tout. En limitant l'achat des marchandises, en demandant les noms des ache-
teurs, on espérait éviter l'accaparement.
Enfin, en désespoir de cause, l'assemblée
communale envoya deux adresses, l'une
à la Convention, l'autre au ministère de
l'Intérieur, réclamant des secours et l'exécution des lois relatives aux approvision-
nements des marchés.

La Convention et le ministre de l'Intérieur restèrent sourds aux prières des
Nantuatiens. Encore une fois, on envoya
aux administrateurs du département une
délégation formée des citoyens Claude-

François et François-Emmanuel Secrétant père et fils, Michel Collet, Joseph Laporte et Joseph Bilon, pour présenter l'adresse suivante :

Citoyens administrateurs,

Les citoyens de la commune de Nantua, réunis en assemblée générale, viennent d'offrir à votre sollicitude le spectacle touchant d'un peuple qui manque entièrement de subsistances.

L'excès de notre détresse ne nous a point fait encore sortir des voies régulières de la plainte et des demandes : mais nous ne nous dissimulons pas que la perspective de notre situation alarmante ne peut avoir que des suites désastreuses.

Depuis plus d'un mois nos marchés sont dépourvus des denrées de première nécessité, comme vous avez pu vous en convaincre vous-mêmes. Il n'existe, dans notre commune, aucun grenier d'abondance, aucun citoyen n'est pourvu de grains, et une famine générale est sur le point de se manifester avec toutes les horreurs qui l'accompagnent, si vous n'y apportez un prompt remède.

Les lois, et notamment celles des 9 et 17 août dernier, qui ordonnent l'établissement de greniers d'abondance dans chaque district, ont fixé des sommes considérables pour l'achat des grains : nous demandons, citoyens administrateurs, l'exécution de cette loi, et qu'il soit établi un grenier d'abondance dans notre commune pour subvenir à nos besoins.

Un plus long retard à nous secourir serait de votre part un fratricide national. Enfin, notre détresse vous est connue ; en dire davantage serait faire suspecter votre patriotisme et votre attachement pour l'unité et l'indivisibilité de la République.

XXIII

Ce fut en mars 1793, cinq mois avant la promulgation de la loi des suspects, que commencèrent, dans le district de Nantua, les perquisitions et les arrestations des particuliers prévenus d'incivisme, — disait-on alors, — de modérantisme, devait-on dire un peu plus tard, — en septembre.

Le 31 mars, le citoyen Humbert, maire, et les citoyens Lépely, Chevron et Domange, perquisitionnèrent en la maison du collège de Nantua, « comme la prudence le leur commandait, pour mettre en état d'arrestation ou consigner dans leur domicile les personnes sur lesquelles les soupçons pourraient tomber, suivant les découvertes et les circonstances ».

La délégation ne trouva rien de compromettant pour le principal Bertrand et ses professeurs, — ci-devant Joséphistes,

— mais une partie de la population désignait ouvertement d'autres personnes comme suspectes, et, quelques jours après, le 11 avril, les citoyens Blanc, ci-devant bernardin, Viala père et fils, parents d'émigrés, Damien de Grenaud, ci-devant noble, Hugues-François-Bernard Jacob, ci-devant religieux bénédictin, simple tonsuré, Claude-François-René de Montrichard, prêtre, ci-devant bénédictin, étaient arrêtés et enfermés dans la prison de Nantua.

Les détenus demandèrent à être mis en liberté « ou tout au moins à être consignés seulement dans les bornes de la municipalité de Nantua, à charge par eux de fournir cautions ».

Pour obtenir cette faveur, les détenus prétextaient que « jusqu'à présent et depuis le commencement de la Révolution, ils n'avaient manifesté aucun acte d'incivisme, ni par leurs propos, leurs conduites, leurs actions ou correspondances ; qu'il paraissait encore, d'après les faits communiqués à la municipalité, que le département et le directoire du district n'ont voulu prendre, sur leur compte, de statuer sur leurs camarades, sans que, au préalable, ils n'eussent reçu l'avis et les réponses de la municipalité de Nantua..... »

Après avoir donné un avis favorable à la requête du ci-devant bernardin Blanc, un vieillard impotent qui fut mis immédiatement en liberté, la municipalité fut fort embarrassée, si l'on en juge par les réticences de la délibération suivante :

Il n'est pas de sa connaissance que les citoyens Viala père et fils, le citoyen Degrenaud, le citoyen Jacob, le citoyen Montrichard, aient manifesté devant eux et chacun individuellement aucun acte d'incivisme, soit par leurs entretiens publics ou particuliers, soit par leurs actions et leur conduite, soit enfin par leurs correspondances.

Les membres qui composent l'assemblée ajoutent au surplus qu'ils ne donnent cette déclaration qu'*individuellement*, ajoutant encore qu'il est de leur connaissance, *toujours individuelle*, que les particuliers qui ont présenté ces requêtes sont regardés comme *suspects par la voix publique, qui s'est manifestée depuis l'époque de leur arrestation seulement.*

Les officiers municipaux, *en particulier*, ont observé à l'assemblée que, lors de l'arrestation des particuliers ci-devant dénommés, ils ont cacheté et renfermé dans deux paquets différentes lettres qu'ils ont trouvées au pouvoir des citoyens Degrenaud et Montrichard, que ces lettres ont été tout de suite remises au district de Nantua, que, par conséquent, ces lettres n'étant pas actuellement en leur pouvoir, ils n'ont pu en faire lecture, ni en donner communication à l'assemblée ; ils déclarent encore que, lorsqu'ils ont mis ces lettres sous le cachet, *ils n'en ont point pris eux-mêmes lecture*, parce que ces lettres étaient trop nombreuses et que le *temps était trop précieux,* attendu les différentes arrestations dont les officiers municipaux devaient s'occuper le même jour.

L'opinion, *en particulier,* des officiers municipaux n'empêcha pas que, le surlendemain, 13 avril, pour obéir aux ordres du directoire du département de l'Ain, les citoyens Viala père et fils, Degrenaud, Jacob et Montrichard, ne fussent remis entre les mains de la gendarmerie nationale qui les conduisit à la prison de Bourg ; les prisonniers furent même, jusqu'au Moulin-Chabaud, escortés par un piquet des volontaires de l'Ariège.

Les prisonniers se trouvèrent, dans la prison de Bourg, en compagnie de plus de quatre cents autres suspects, car les citoyens Amar, député de Grenoble, et Merlino, député de Trévoux, envoyés dans le département pour agir contre la réaction et encourager les engagements volontaires, avaient demandé au directoire du département de faire des exemples. Les dénonciations furent nombreuses, non-seulement contre les nobles et les prêtres, mais encore contre ceux qui avaient les premiers demandé et acclamé la République. En effet, deux mois après l'arrestation de MM. De Grenaud, de Montrichard, Jacob et Viala, demeurant à Nantua, Louis Archambaud Duglas, demeurant à Montréal, son domestique, le fils d'André Barrier, son agent, Claude Sonthonnax, Martin Desmaret, ex-capucin demeurant à Charix, Joseph, fils de Philibert Auger, tonsuré, demeurant au Petit-Abergement, l'ex-constituant De Lilia de Croze et le chirurgien Guinet furent, sur l'ordre du directoire de Rhône-et-Loire, saisis et conduits à Lyon. Voici pourquoi :

Le lendemain de l'arrestation de Chalier, le proconsul lyonnais, la poste interceptait une lettre qui lui était adressée par le marquis de St-Victor. Ce marquis invitait Chalier à se réjouir avec lui d'une défaite de l'armée de la République, — on sait qu'un peu avant et après la trahison de Dumouriez, nos jeunes soldats, mal habillés, indisciplinés même, n'eurent pas tous les succès ; — puis il ajoutait :

Vous pourrez compter sur la vérité du fait ; je vous prierai d'en faire part à nos amis, surtout au chirurgien Guinet, de Nantua, de même qu'à son ami Lilia, procureur-syndic, afin que cela les mette dans le cas de toujours bien servir la bonne cause ; les princes sauront les en récompenser, ainsi que vous, mon cher ami. Tâchez toujours de vous couvrir du voile du patriotisme pour mieux nous servir. Votre projet a été fort goûté du prince, au sujet de ce que vous savez : si cela réussit, nous serons trop heureux de pouvoir

trouver un honnête homme comme vous. Engagez les
deux personnes que je vous ai nommées à vous épauler ;
ils sont à même de vous rendre de grands services,
selon ce qu'ils m'ont marqué.

On aurait dû jeter au panier cette lettre, évidemment œuvre ou d'un farceur ou d'un ennemi de Chalier, de De Lilia et de Guinet ; mais le temps n'était ni à la plaisanterie ni à la perspicacité, et le Directoire de Rhône-et-Loire délégua un administrateur du département et un administrateur du district, les citoyens Coutturier et Matheron, avec mission de se rendre à Nantua, de faire saisir et conduire à Lyon le chirurgien Guinet et l'ex-constituant de Lilia, et de visiter leur correspondance.

On perquisitionna donc chez le chirurgien Guinet, sans rien trouver de compromettant ; et il en fut de même chez le citoyen de Lilia de Croze où les citoyens Coutturier, administrateur du département de Rhône-et-Loire, Beysson, maire, Robin et Neyron, officiers municipaux, et Macon, procureur de Montréal, fouillèrent en vain et placards et tiroirs.

Alors la Société populaire de Nantua intervint, et le Directoire du département de l'Ain fit mettre en liberté de Lilia et Guinet, en reconnaissant que le patriotisme éprouvé des deux prévenus ne pouvait être compromis par le perfide énoncé de relations imaginaires.

D'autre part, les véritables patriotes avaient hautement protesté contre les arrestations arbitraires, encouragées par les commissaires Amard et Merlino. On avait vu les deux conventionnels et le

Directoire de l'Ain écouter les débiteurs accusant leurs créanciers, des gens sans foi et sans crédit, calomniant les marchands qui ne voulaient pas payer, et les faisant arrêter. Les sociétés populaires s'émurent et en référèrent à la Convention qui répondit par cette note :

« Lorsque nous avons envoyé des commissaires, notre intention n'a pas été de vous envoyer des despotes ; nous préviendrons de pareils abus, et la Convention vous rendra justice ».

Nous ne parlerons pas à cette place des dissentiments des familles de Lilia de Croze et de Duglas ; entre les représentants d'une des plus vieilles familles bugeysiennes et le petit-fils du cadet d'Écosse, qui défendit vaillamment le Bugey contre les invasions des Comtois, et qui, pour ce, fut nommé seigneur d'Escrivignieux, du Chastelard et de Volognat, nous ne voulons pas nous prononcer.

L'histoire de ces deux familles, dira-t-on, est partie intégrante de l'histoire de notre pays, nous ne contredirons pas à cette opinion et laisserons à d'autres, comme à M. Philibert Le Duc, le soin d'expliquer sa façon de penser. En deux mots, disons que M. Louis Archambaud de Duglas accusa son voisin et ennemi, le citoyen Bernard de Lilia, d'avoir écrit aux officiers municipaux de Montréal ceci :

Citoyens officiers municipaux,

Je vous donne avis que le directoire de ce district a arrêté hier que Louis Archambaud Duglas, Claude-Antoine Sonthonax son domestique ou son agent, le fils d'André Barrier, tous trois de votre municipalité, seront sur le champ mis en état d'arrestation. Comme les copies de l'arrêté du 1er de ce mois ne sont pas encore faites, cette lettre vous servira de garantie jusqu'à ce que je puisse vous envoyer l'arrêté.

En conséquence, je vous invite et au besoin je vous requiers de mettre sur le champ en état d'arrestation les trois dénommés ci-dessus, de faire apposer les scellés sur leurs papiers, de dresser procès-verbal du tout et les envoyer de suite au district avec les papiers que vous croyez être nécessaires à découvrir une correspondance criminelle. Je vous préviens que l'exécution de l'arrêté dont je vous parle est de la plus grande conséquence, que les moindres retard, négligence ou partialité vous seroient imputés, et que vous en seriez responsables. Vous requerrez la garde nationale pour vous donner main-forte. Mettez toute la prudence, la fermeté et l'humanité dans cette opération. Mais saisissez les papiers, lettres, etc. Songez qu'en découvrant les ennemis de la chose publique, vous vous mettrez à l'abri, ainsi que les autres, des maux qu'ils peuvent et veulent vous faire. Vous me rendrez compte demain de ce que vous aurez fait à cette occasion. L'affaire est d'une grande conséquence; ne vous attirez pas des reproches.

Le Procureur-syndic du district de Nantua,
B. DELILIA.

A Nantua, ce 2 avril 1793, l'an second
    de la République.

Ajoutons que M. Douglas, qui avait fait ses preuves de civisme, réclama et obtint la levée du sequestre mis sur ses biens et sa radiation de la liste supplémentaire des émigrés.

<div align="center">~~~~~~~</div>

Il a été question, dans la préface de cet ouvrage, de deux adresses de félicitation envoyées à la Convention par l'assemblée générale des citoyens composant la commune de Nantua. Les Nantuatiens étaient peu nombreux, le 30 du mois de juin 1793, en l'église paroissiale, quand le citoyen Placide Lépely, officier municipal, faisant fonction de maire, en l'absence du citoyen Maire, empêché, leur lut cette première adresse, qui, du reste, fut trouvée trop modérée :

Représentants,

Le jour où vous avez décrété une constitution fondée sur les principes de la Liberté fera époque dans les annales de la Révolution. Déjà cette constitution tant désirée est l'écueil contre lequel viennent se briser les conspirations et les dissensions ; déjà des citoyens, des administrateurs, égarés par des tableaux alarmants, par des suggestions perfides sur les derniers événements qui ont agité si violemment la République, reconnaissent à présent le danger des mesures que leur avait fait adopter un zèle dont les conséquences n'avaient pas été assez réfléchies. Mais nous ne devons pas craindre de vous dire qu'au lieu de sauver la Patrie, ils en seraient les assassins involontaires, s'ils persistaient à méconnaître le vrai centre de l'autorité. Qui peut sans frémir calculer les malheurs qui en seraient le résultat ? L'on verrait bientôt les citoyens s'armer pour s'égorger et les départements pour se détruire. Viendront ensuite le fédéralisme et la dissolution totale de la République que nous avons tous juré de maintenir dans son intégrité. Pour nous qui n'avons jamais cessé de reconnaître la Convention nationale et d'adhérer à ses décrets, nous plaignons l'égarement de nos frères, mais en vouant une haine implacable à toutes les espèces de tyrannies. Notre cri sera toujours : Vive la République une et indivisible ! Plutôt mourir que de souffrir l'esclavage !

Voici la teneur de la seconde adresse, celle qui fut envoyée à la Convention, comme exprimant mieux le patriotisme des Nantuatiens :

Citoyens Représentants,

Ils savaient, les tyrans coalisés, que les phalanges républicaines sont invincibles ; ils savaient que l'unique moyen de rétablir leur sceptre despotique sur les ruines de la Liberté et de l'Egalité consistait à répandre de proche en proche le poison du fédéralisme, et à briser le faisceau d'Union et de Fraternité.

La guerre civile, sous le masque du patriotisme, frappe aux portes du département de l'Ain, aux portes d'un département paisible et vierge (*); la tor-

---

(*) L'adresse fait ici allusion à Lyon, où la Convention voyait un foyer de contre-révolution, avec un gouvernement qui aurait eu Louis XVII pour roi et Marie-Antoinette pour régente.

che du fédéralisme prête à l'allumer étoufferait la voix de la commune de Nantua ; non, Représentants, fidèle à ses serments, elle les renouvelle entre vos mains.

Le 30 mai, la commune de Paris, le rempart des droits de l'homme, se lève et demande un décret d'arrestation contre quelques députés. Cette commune, que le pinceau de l'aristocratie calomnie journellement sous des couleurs anarchistes, respecte néanmoins les personnes et les propriétés.

Quelques administrations du département de l'Ain, longtemps avant cette heureuse époque (la journée du 31 mai), sous le précieux prétexte des dissensions de la Représentation nationale, prenaient des mesures désastreuses, et, après le 31 mai, elles prétendaient encore que la souveraineté avait été violée, enfin qu'il y avait lieu de résister à l'oppression ;

Départements égarés ou perfides ! vous criez au viol et à l'attentat ; vous qui, avant cette arrestation (l'arrestation des Girondins), étiez persuadés que, dans le sein de la Convention, existait une cause de désorganisation, une entrave à la Constitution, votre vœu ne s'exauce pas ; la source de ces maux politiques n'existe plus ; mais vous trouverez de nouveaux moyens, cruels !

Avant de répandre le bruit d'une oppression, attendez avec calme et vous jugerez sans prévention.

Vous, vainqueurs des traitres et des tyrans, soldats, héros de la République, que le flambeau de la Discorde intérieure n'a pu atteindre, restez à vos postes ; le champ de la Liberté vous est confié. Anéantissez les tyrans ; vos frères de l'intérieur se chargent d'éteindre le flambeau du... Dites avec nous que la Convention nationale n'a jamais cessé d'être libre ; protestez avec nous contre tous actes et arrêtés d'administration attentatoire à la Représentation de la République une et indivisible.

Citoyens Représentants,

Chargés du fardeau de la responsabilité, tout administrateur qui a pris, prend ou osera prendre des mesures opposées à vos décrets, que leur fortune devienne le faible dédommagement de leurs prévarications ; recevez notre profession de foi : Nous jurons, à la face de la France entière, de l'Unité et de l'Indivisibilité de la République, la Liberté et l'Egalité, haine éternelle aux tyrans.

Quarante-neuf citoyens signèrent l'adresse rédigée par Placide Lepely : Humbert père, Brachet, Robin, Chapel, Clément fils, Molinard, Bavoux, Bavozar, Chevron, Guichard, Lespinasse, Barbier, Lecot, Aymard, Collet, Meiller,

Moyroux, Cabel, Choulet, Gojon, Berthet, Micoud, Leyssard, Mutignon, Beloud père, Bolley, Collet, Dupont, Mercier, Jantet, Treppoz, Piquet, Volland, Guignard, Jantet, Barbe, Curial, Secrétan, Billet, Decurgier.

Le Fédéralisme, importé du Jura dans l'Ain, était une invention du girondin Guadet. Sous prétexte de soustraire la France à la tyrannie de la commune parisienne, le Fédéralisme voulait diviser, comme la Suisse, la Patrie en petits états qui auraient eu Bourges pour capitale.

Le directoire du département de l'Ain, Bourg, Belley, Saint-Rambert et leurs districts se montrèrent favorables au Fédéralisme ; mais Nantua resta fidèle à la Convention, comme en fait foi l'adresse qu'on vient de lire et qui fut également signée par les administrateurs du district.

———

Les administrateurs du district de Nantua ne s'en tinrent pas à l'adresse de la commune de Nantua ; le 28 juin, ils envoyèrent à la Convention une nouvelle lettre de félicitations ainsi conçue :

Jules Southonax, président, Jean-Isidore Caire, vice-président, Jean-François Guichon, François Vanel, Étienne Blanchet, Jean-François Vuarin, François-Joseph Jantet, Claude-Marie Cottin, Valentin Duport, administrateurs du conseil du district de Nantua, assemblés en surveillance permanente avec le procureur-syndic (Delilia), ce dernier ouï en ses remontrances ;

Le Conseil considérant que l'arrêté du département de l'Ain, du 27 mai dernier, contenant adhésion à celui du Jura du 21 précédent, portant réquisition aux suppléants de son ressort de se rendre à Bourges, accompagnés d'une force armée ; — que celui du 6 du courant au sujet de l'arrestation de plusieurs représentants du peuple français ; — que celui du 8 et

notamment celui du 19 suivant, portant invitation à
chaque administration de district de tenir un de ses
membres en permanence près celle du département...,
— sont autant d'attentats à l'unité et indivisibilité de
la République et autant d'acheminements à un schisme
politique... ;
Déclare qu'il ne reconnaîtra jamais d'autre Convention nationale que celle qui tient ses séances dans les
murs de Paris... ; — qu'il ne reconnaîtra que les décrets qui en émanent... ; qu'il ne députera aucun de
ses membres auprès du département... ; — qu'il proteste contre tout acte attentatoire à la représentation
nationale, — et qu'il sera rédigé une adresse aux représentants du peuple.

Le Directoire de l'Ain, composé en
majeure partie de fédéralistes, protesta
contre les adresses des districts de Nantua, de Saint-Rambert, de Gex, de Pont-
de-Vaux et de Montluel, les seuls du
département qui fussent restés fidèles à
la Convention ; mais cette protestation
resta sans effet.

Le 13 février de l'an II de la République, la commune de Nantua écrivit
encore une fois au Directoire de l'Ain
pour réclamer des blés, car la famine
menaçait toujours la ville ; et cependant
Antoine-Joseph Piquet, des Battoirs,
sequestre et gardien des biens meubles
et effets du citoyen émigré Louis-Agnès
Maurier de Pradon, avait averti la municipalité qu'au nombre des objets laissés
à sa garde se trouvaient des blés non
battus en demandant ce qu'il devait en
faire ; et la municipalité avait répondu en
arrêtant que ledit Piquet serait tenu de
faire battre incessamment et sans inter-
ruption tous les blés dont il est sequestre, qu'il les ferait venter et établir jusqu'à nouvel ordre dans un grenier de la
maison Maurier.

Le 17 frimaire, le sergent de ville Jean-Baptiste Guignard publia dans les rues de Nantua la proclamation suivante :

Citoyens,

La Convention Nationale, par son décret du 14 vendémiaire dernier, a fixé l'ère de la République française et a établi un nouveau calendrier. D'après ces principes nous ne comptons plus les mois par semaines mais par décades. Le dernier jour de chaque décade est un jour de repos ; tous les autres jours sont ouvrables. En conséquence, les citoyens voudront bien se livrer à leurs occupations ordinaires les jours d'œuvre, et tous ceux qui tiennent des boutiques, soit marchands, soit cordonniers et autres, se rappelleront qu'ils doivent les tenir ouvertes tous les jours, sauf le décadi.

Les commerçants ne respectaient pas la loi du maximum, paraît-il, et la municipalité dut les menacer de toute la rigueur des lois, et déclarer comme suspects les contrevenants, notamment les cabaretiers, dont le mépris formel de la sage loi du maximum « annonçait une ambition et une cupidité désordonnées qui ne pouvaient produire que les effets les plus funestes ».

Les places de procureurs des communes avaient été supprimées, et le citoyen Jean-Joseph Domange dut donner sa démission ; mais Domange ne resta pas longtemps sans emploi, car il fut immédiatement nommé par acclamation agent national près de la commune de Nantua.

En passant, il faut remarquer que les registres des communes du district de Nantua sont remplis de lettres de magistrats et d'officiers municipaux, qui donnaient leur démission lorsqu'on les chargeait d'un nouvel emploi, car un décret de la Convention défendait à tout

citoyen le cumul de deux fonctions publiques.

Le 10 nivôse, le citoyen Joseph Laporte, ci-devant ministre du culte catholique, curé de Nantua, déclara à la municipalité qu'il ne voulait plus exercer
les fonctions de prêtre, non plus que
celles de curé de Nantua, et que son intention était d'aller cultiver son champ
à Hauterive, commune de Vieu-d'Oize-
lon. M. Laporte abjura, en 1794, et se
maria peu après. Il avait été un des
premiers à se jeter dans le mouvement
révolutionnaire. Dans son *journal,* M.
Collet dit : « M. La Porte, ancien curé,
eut le malheur de se trouver du nombre
de ceux que la frayeur et le peu de caractère firent marier. Il était bon, aimé
de tous ses concitoyens, et laisserait
encore des regrets s'il n'était remplacé
par un brave et honnête prêtre, M. de
Forcrand, ancien chanoine d'Arras, né
à Groissiat ».

XXIV

·

Les citoyens Machard et Maissiat s'é-
taient rendus le 2 pluviôse (21 janvier
1793) à Thoirette pour y prendre livrai-
son d'un convoi de grains achetés dans
le canton d'Orgelet et destiné à l'ali-
mentation de Nantua et de son district.
Arrivés au port de Courtouphle, les deux
délégués nantuatiens se trouvèrent en
présence d'un corps de garde « établi
pour empêcher le passage des grains ».
Machard et Maissiat s'informèrent et
apprirent du citoyen Brun, marchand à
Villeneuve, commune du district d'Orgelet, que le convoi de blé que lui,
Brun, conduisait à Nantua, avait été
arrêté et saisi par un nommé Goujon,
citoyen demeurant à Onos, se disant
porteur d'une commission du citoyen
Prost, représentant du peuple en com-

mission à Dôle, alors que le citoyen
Goujon avait laissé passer, le 27 nivôse,
trois voitures de blé destinées à la commune des Bouchoux, département du
Jura, district de Condaz-la-Montagne
(ci-devant Saint-Claude). Le citoyen
Goujon était même descendu jusqu'au
port de Bombois, pour s'opposer au passage des grains.

Goujon, interrogé par le citoyen Villevert, maire de Thoirette, répondit qu'il
s'était opposé au passage des blés parce
qu'il les croyait destinés à l'étranger.
Le maire Villevert et les conseillers Pé-
choux, Mottet, Bataillard et Cherel, insistèrent sur ce fait qu'ils n'étaient pour
rien dans l'arrestation du convoi et qu'il
fallait s'en prendre au citoyen Goujon
qui, muni des pouvoirs du citoyen représentant Prost, avait requis le capitaine Reybillet de la garde nationale de
Thoirette de lui prêter main-forte et de
s'opposer au passage des grains...

L'indignation fut grande dans la municipalité de Nantua, quand on y connut
les procédés des Jurassiens, et on décida
d'envoyer le citoyen Amand Chevron auprès d'Albitte à Bourg, dans la ci-devant
Bresse, et dans le département du Jura
pour faire observer que « depuis la pu-
blication de la loi qui fixe le maximum
des grains, Nantua n'a cessé de faire des
démarches soit au département du Jura,
soit au district d'Orgelet, pour se procurer des grains des communes de ce
département qui ci-devant approvisionnait le marché de Nantua ; que toutes ces
démarches n'ont procuré que très peu de

grains pendant les quinze jours qui ont précédé le marché du 22 nivôse, jour auquel l'arrestation totale en a été faite au port de Thoirette ; que le district de Nantua ne récolte du grain que pour dix mois de l'année ; que les différentes réquisitions qui y ont été faites, soit pour l'approvisionnement de l'armée des Alpes, soit pour l'approvisionnement de ce marché, soit encore pour les deux tiers de la contribution foncière de 1793 (vieux style), payable en nature, ont complètement épuisé toute ressource ; qu'il ne vient presque point du grain du voisinage de la ci-devant Bresse qui seule, avec les communes voisines du département du Jura, approvisionnait les districts de Nantua, Gex et partie de celui de Belley ; que cette arrestation de blé faite au port de Thoirette met les citoyens de ce district dans la disette, et qu'il est urgent d'apporter de prompts secours aux maux qu'ils vont éprouver ».

La municipalité, après avoir transformé l'église en temple de la Raison, changea la chapelle des dames Augustines et le collège en maison de détention, dont le citoyen Jean-François Vidal fut nommé geôlier.

Un arrêté du citoyen représentant Gouly avait déterminé la municipalité à l'établissement de nouvelles prisons, l'ancienne prison étant malsaine et surtout trop petite. Voici les principaux articles de l'arrêté concernant les suspects :

Les citoyens Lombard, Blanc, les deux frères Bertrand, Laporte, ex-curé, Couthoud et Ramel seront sur-le-champ arrêtés et renfermés dans la maison du collège désignée maison d'arrêt. Leurs papiers seront soigneusement visités. Ceux qui paraitront suspects seront retenus pour être déposés au comité de surveillance. Attendu que ledit Ramel, l'un d'eux, est un vieillard de 87 ans aussi infirme et détenu dans sa chambre depuis longtemps, sa chambre lui tiendra lieu d'hôpital ; néanmoins tous ses papiers seront visités pour en être retiré ce qui paraîtra suspect.

Les détenus seront gardés à leurs frais suivant les lois ; en conséquence, le commandant de la garde nationale sera requis de composer cette garde de soldats indigents au nombre de dix hommes, ou d'un plus grand nombre, s'il est jugé nécessaire.

Tout ce qui sert ou servait au culte catholique généralement quelconque sera enlevé de l'église et déposé sur inventaire au directoire du district.

Nous avons dit que le représentant de Nantua, le citoyen Jagot, avait été délégué par la Convention pour organiser le département du Mont-Blanc, d'où il avait envoyé son adhésion au jugement condamnant Louis XVI à la peine capitale. Pendant l'absence du citoyen Jagot, les citoyens Deydier et Gouly, représentants du peuple, le remplacèrent à tour de rôle et restèrent en communication constante avec les autorités nantuatiennes ; ainsi ce fut Deydier qui fit part de la condamnation de Louis XVI, comme ce fut le représentant Gouly qui prit un arrêté pour transformer l'église de Nantua en temple de la Raison, sur l'avis de la Société des Sans-Culottes. Voici la délibération du Conseil de la ville de Nantua qui fut prise après l'arrêté du citoyen Gouly :

A l'avenir ledit bâtiment sera nommé Temple de la Raison et il sera mis, sur le frontispice, ces mots : TEMPLE DE LA RAISON.

Ledit arrêté sera exécuté suivant les forme et teneur par les officiers municipaux et même en présence des membres du Conseil qui sont invités d'y assister, et dans le cas où quelques officiers municipaux négligeront de concourir à cette opération, sans excuse reconnue légitime, il en sera retenu note dans l'inventaire qui sera pris.

Sur l'observation d'un membre de l'assemblée que dans le moment présent il convient d'assurer la sépulture aux citoyens, après avoir ouï l'agent national, l'assemblée arrête :

1° Les fossoyeurs et porteurs de cadavres seront tenus, comme par le passé, de remplir leurs fonctions, et que le lieu de la sépulture est toujours le même ;

2° Que le convoi funèbre sera pris dans la maison du défunt par l'officier public ou, en son absence, par un officier municipal revêtu de son écharpe, qui accompagnera le convoi jusqu'au lieu de la sépulture.

La municipalité avait chargé des ouvriers de « masquer par une peinture les signes du fanatisme qui se voyaient sur quelques vitraux qu'on ne pouvait enlever au temple de la Raison sans inconvénient dans cette saison (nivôse 1793) ; les ouvriers achevèrent leur besogne à coups de cailloux, si bien que l'on dut sévir contre eux, « attendu qu'il résultait de ces délits un préjudice à la commune, attendu aussi que le temple de la Raison est destiné au rassemblement des citoyens pour entendre la lecture des lois chaque décadi, et que, dans cet état, les citoyens qui s'y rassembleront seront exposés aux rigueurs du froid ».

———

Le vote d'une somme de 374 livres, pour secourir les familles nécessiteuses de Nantua, fut le dernier de la municipalité qui avait pour maire le citoyen Humbert, — le sixième depuis le commencement de la Révolution. Les prédécesseurs du citoyen François Brachet, marchand de bois, qui fut d'office nommé maire par Albitte, représentant du peuple, « envoyé pour l'exécution de mesures de salut public et l'établissement révolutionnaire dans les départements de l'Ain et du Mont-Blanc », avaient été MM. Prost, Jagot, Butavand, Lépely (qui avait donné presque immédiatement sa démission), Jean-Charles-Marie de Lombard de Mars, ancien prieur, qui abjura dans la suite, et l'avocat Humbert.

En même temps qu'il élevait François Brachet à la mairie, Albitte nommait Jean-Baptiste Jagot, officier de santé, comme agent national, et, comme officiers municipaux, Joseph Bavozat, Amand Chevron, marchand-épicier, Amand Reydellet, maître de poste, Louis Cabel, Victor Evrard, François-Joseph Maissiat, aubergiste, François-Joseph Juillard, maréchal-vétérinaire, et Joseph Guichon, horloger.

La nouvelle assemblée communale, s'inspirant des ordres d'Albitte, s'occupa d'abord du changement dans les jours des marchés, « lesquels avaient continué jusqu'à présent à avoir lieu les jours appelés samedis dans l'ère fanatique, servant à beaucoup de citoyens et de citoyennes pour leur indiquer le jour consacré jadis aux farces religieuses sous le nom de dimanche » ;

» De requérir les citoyens maçons pour procéder sans aucun délai à la démolition du clocher du temple de la Raison, raser tout ce qui domine, préserver la partie du bâtiment où est ledit clocher de la pluie et des injures du temps, démolir aussi le petit clocher où sont les timbres de l'horloge, l'autre clocher où se trouvaient les ci-devants cloches et tronçonner le cône qui termine ce clocher. »

L'assemblée communale décida de planter des arbres de la Liberté *vivants* et s'occupa aussi des détenus. Le représentant du peuple Gouly en avait fait délivrer un certain nombre, entre autres les citoyens Laporte, ex-curé de Nantua, et de Lombard, ex-prieur et ex-maire de Nantua, qui tous deux, dans la suite, abjurèrent et se marièrent pour sauver leur tête. Albitte les fit de nouveau jeter en prison en ordonnant une consigne sévère à leur égard.

Le citoyen Alexis Vuarin, d'Echallon, curé de Champdor, incarcéré à Nantua avec des ci-devant nobles, curés et suspects, aima mieux demander à être incorporé dans un régiment de dragons que d'abjurer et surtout se marier. Il servit bravement sous la République et sous l'Empire et reprit la soutane à la Restauration qui le nomma curé de Challes-en-Montagne. Ce fut un bon prêtre qui avait été un vaillant soldat. Son souvenir n'est pas éteint dans notre contrée où l'on parle encore du curé Mille-Bombes, — Mille-Bombes était le seul juron que l'abbé Alexis Vuarin se permit quand il fut rentré dans le giron de l'Eglise, — de son vieux cheval d'escadron Roussotte et de son chien Boit-on-rien. Ce fut le 29 pluviôse an II de la République une, indivisible et démocratique, que le directoire du district autorisa Alexis Vuarin à contracter un engagement.

Les détenus qui avaient joui de certains priviléges, qui pouvaient recevoir leur nourriture du dehors, recevoir leurs parents et leurs amis à toute heure, virent leur sort changer dès qu'Albitte fut au pouvoir. Il fallut une carte spéciale, signée du maire, pour parvenir auprès d'eux ; et le temps fut mesuré pour ces visites. Les geôliers eux-mêmes furent étroitement surveillés. Un jour, la municipalité trouva l'un d'eux qui, dans un appartement séparé du corps de la prison, veillait avec sa famille et des amis. On le cassa aux gages. Les sans-culottes, qui composaient la garde des détenus, furent invités et même requis de surveiller de très près, soit les concierges, soit leurs familles, et de les fouiller même au moindre soupçon, lorsqu'ils viendraient du dehors. On plaça les prisonniers et les prisonnières dans des bâtiments éloignés, les uns dans le ci-devant collège, les autres dans la ci-devant chapelle des dames Augustines ; et comme on estimait que l'instruction du ci-devant jeune Laguette (de Mornay), incarcéré, lui aussi, bien qu'il n'eut que treize ans, laissait à désirer, le directoire du district paya un instituteur pour lui donner des leçons.

Le jeune Laguette avait fait ses premières études au collège des Joséphistes de Nantua, sous le principalat de M. Bertrand. Il entra en 1799 à l'Ecole polytechnique, d'où il sortit avec le grade de sous-lieutenant d'artillerie. En 1806, il entra dans la garde. A Wagram, le capitaine Laguette de Mornay portait une dépêche urgente à Napoléon, lorsqu'un boulet lui emporta le bras droit ; il ne s'arrêta pas et, quand il parvint vers l'Empereur, il s'évanouit. En 1809, M. Laguette de Mornay, officier de la Légion d'honneur, fut créé baron de l'Empire avec trois dotations.

Une note gaie vient parfois faire oublier les événements douloureux au milieu desquels se débattait le district de Nantua ; c'est ainsi qu'on lit, dans le registre de délibérations, un arrêté concernant la distribution à chaque citoyen, en détails et par petits morceaux, de deux quintaux... de savon ; c'est ainsi qu'on prit, à l'égard des cabaretiers, un arrêté tellement curieux que nous le reproduisons en entier :

Considérant que les denrées de première nécessité arrivent furtivement en cette commune et ne sont point exposées en vente dans les places publiques, que beaucoup de citoyens se transportent sur les avenues et y arrêtent toutes les denrées ; que de cette manière l'accapareur s'en empare et ne les revend qu'à un prix exhorbitant : que l'égoïste rassasié et pourvu de tout se rit de la détresse publique ;

Considérant que, lorsque la Patrie a des besoins, les privations doivent peser sur le riche et non sur l'indigent, que la frugalité est commandée également à tous :

Considérant que l'abondance en tous genres qui règne dans les cabarets insulte d'une façon odieuse à ce besoin général qui se fait sentir dans presque tous les ménages des autres citoyens ; que ces cabarets, restes odieux de l'ancien régime, ne servirent toujours qu'à favoriser la débauche, la crapule et généralement tous les vices, et qu'ils doivent être proscrits par les mœurs austères d'une République démocratique ;

Considérant enfin combien il est instant d'apporter un remède efficace à des abus aussi criants, requiert :

1° Qu'il soit fait les plus rigoureuses défenses aux citoyens de cette commune de se transporter sur les avenues pour y acheter les denrées dites de première nécessité ;

2° Que tous étrangers ou citoyens de cette commune trafiquant sur ces denrées et les cabaretiers ne puissent acheter qu'à une heure déterminée et après l'approvisionnement des autres citoyens ; que les aubergistes soient invités à ne se munir de denrées que proportionnellement à leurs consommations et à ne recevoir chez eux que des voyageurs ;

3° Que les aubergistes, cabaretiers, ou tous autres citoyens dans les remises ou maisons desquels il se déposerait et se vendrait quelques-unes des denrées de première nécessité, sans en avoir prévenu la municipalité et instruit le public au son du tambour, seront responsables de ce délit ;

4° Que tous les contrevenants soient déclarés suspects, ennemis du bonheur du peuple et traités comme tels.

En même temps, les habitants de Port, connaissant le goût des Nantuatiens pour le poisson, et sachant que les ci-devant bourgeois, pour terroristes qu'ils fussent devenus, réclamaient un autre mets que le pain de l'Egalité cuit dans les fours banaux et où le son dominait, barraient le lac à l'entrée du bras de la rivière servant de déversoir pour établir des *trappes* à poissons, « au risque d'inonder la plaine et d'abîmer les récoltes ». Mais le directoire du district fit détruire ce barrage par les soins du citoyen Saxe, directeur des travaux publics, et dresser des procès-verbaux contre les délinquants.

Le 18 prairial, les ordres suivants arrivèrent à Nantua :

Le citoyen Jean-Joseph Guinet a été requis, en qualité de chirurgien de 1re classe, par la commission de secours publics, à la suite des hôpitaux ambulants de l'armée du Nord, et pour se rendre à Franciade, sans perdre de temps.

Le citoyen Jean-Baptiste Jagot a été requis, en qualité de médecin, par la commission de secours publics, à la suite des hôpitaux ambulants de l'armée du Nord, et pour se rendre à Franciade, sans perdre de temps.

Le 18 prairial, la Société des Sans-Culottes de Nantua présentait à la municipalité « un plan pour la fête de l'*Etre Suprême,* plan que la municipalité a accepté », « pénétrée des sentiments de reconnaissance et de vénération qui sont dus à l'Etre Suprême ».

Voici le compte rendu officiel de cette fête qui eut lieu le 20 prairial, ainsi que la Convention en avait ordonné :

Les maire et officiers municipaux de la commune de Nantua, de retour de la cérémonie qui vient de se faire pour rendre hommage à l'Etre Suprême, se sont réunis en la maison commune, pénétrés des sentiments d'admiration et de respect qui lui sont dus, et ont dans ce moment rappelé avec enthousiasme les témoignages de satisfaction et de vénération que les citoyens ont manifesté dans cette auguste fête.

Quel spectacle touchant que de voir des frères, des amis, des vrais républicains réunis !

Chacun s'est employé à l'envie de concourir au soulagement de l'indigent : l'autel élevé à l'Etre Suprême a été couvert d'offrandes qui, calculées, ont produit une somme de quatre cent trente-quatre livres neuf sols avec encore quatre paires de souliers, le tout destiné aux patriotes indigents de cette commune. Les officiers municipaux ont arrêté, d'après le vœu de leurs concitoyens, que la distribution de ces dons serait faite au plus tôt, sur l'état qui sera dressé des indigents.

Lecture a été faite du discours de Robespierre sur l'existence de l'Etre Suprême, de l'immortalité de l'Ame, ainsi que du décret de la Convention du 18 floréal qui est à la suite.

Plusieurs citoyens en ont ensuite prononcé d'autres analogues au même principe, et entre autres un jeune orateur au nom de ses camarades, espérances bien chères à la Patrie. Tous ont été vivement applaudis par des cris mille fois répétés de : « Vive la République ! »

A cette fête de l'Etre Suprême avait pour la première fois pris part la bataillon de l'Espérance, organisé par la Société des Sans-Culottes et composé de jeunes citoyens dont les plus jeunes avaient dix ans et les plus âgés dix-huit ans.

Le 1ᵉʳ messidor, les citoyens Musy, maire, et Jean-Baptiste Juillard, officier municipal des Neyrolles, Etienne Vion-Delphin, officier municipal de Lalleyriat, Jean-Baptiste Dubreuil, officier municipal de Leyssard, organisèrent à Nantua un convoi de douze chevaux, levé en exécution d'une loi de la Convention, et que conduisirent à Bourg les citoyens Barthélemy Cabanet, de Nantua, Pierre Ballet, de Châtillon-de-Michaille, et Jacquemet, de St-Germain de Joux.

Le 2 thermidor, les officiers municipaux de Nantua prirent l'arrêté suivant :

Considérant que tous les Français sont frères, et que, sous ce seul point de vue, les fruits de la Nature doivent subir une juste répartition ;

Considérant qu'il suffira aux citoyens de cette commune de connaître les besoins de nos braves frères, les Parisiens, qui les premiers ont arraché le sceptre du tyran, pour qu'ils s'empressent, comme en tribut de reconnaissance, de leur offrir le superflu de leurs denrées de première nécessité ;

Arrêtent :

Tous les citoyens de la commune de Nantua sont invités à porter tous les quintidis, à l'administration de ce district, tout le beurre qui peut excéder leur consommation.

Après le beurre, les noix :

Les officiers municipaux,

Considérant qu'il est utile de rappeler à tous les amis de la Patrie qu'en arrachant des mains de la Nature une production à demi-élaborée ;

Considérant qu'il n'est pas moins important pour les pères et mères de répéter sans cesse à leurs enfants que, lorsqu'ils se permettent d'abattre des noix qui ne leur appartiennent pas, ils blessent les droits de l'homme qui leur prescrivent de ne pas faire à autrui ce qu'ils ne voudraient pas qu'il leur fût fait à eux-mêmes ;

Arrêtent qu'invitation sera faite à tout citoyen de respecter la propriété d'autrui, à peine d'encourir toute la rigueur portée par les lois du Code rural.

Les Nantuatiens avaient une façon d'accueillir, en l'an II de la République, les marchands de la campagne qui n'était pas très réglementaire, à preuve cet arrêté de la municipalité, en date du 9 fructidor :

Vu la lettre des administrateurs de ce district portant que la mauvaise conduite de plusieurs citoyens de Nantua, qui arrachent et détériorent les denrées de première nécessité dans les mains de celui qui les apporte au marché, est une des causes de la pénurie actuelle des subsistances ; portant en outre que la privation de ces mêmes denrées est occasionnée par la violation de la loi du maximum à l'égard des souliers ; considérant que les citoyens qui viennent approvisionner cette commune doivent être accueillis non-seulement comme amis mais comme frères républicains ;

Que l'on voit avec douleur que les subsistances ne sont pas plutôt arrivées sur les places publiques qu'à l'instant l'approvisionneur est circonvenu, assailli et dépouillé comme s'il n'en était pas le vrai propriétaire ;

Que les abus et excès de ce genre inspirent un découragement sensible aux habitants de la campagne qui craignent et redoutent avec raison d'éprouver de semblables traitements ;

Que si la sueur du citoyen qui se livre à l'agriculture est soumise au maximum, non-seulement le cordonnier mais aussi le charron, le maréchal, le chapelier et autres, doivent à leur tour se dépouiller de vil intérêt et d'égoïsme que leur reproche sans cesse le cultivateur et lui donner des preuves constantes et non équivoques de leur obéissance et leur attachement aux lois, en resserrant avec lui les lois de la confiance et de l'amitié ;

Qu'à la faveur de la justice et de la fermeté les subsistances reparaitront dans les marchés ;

Qu'enfin il est du devoir de la municipalité de tenir une main sévère à l'exécution de la loi du maximum et à la police des marchés ;

Arrête :

Qu'il est enjoint à tout citoyen de s'abstenir de mauvais procédés soit à l'égard de ceux qui fréquentent et fournissent les marchés, soit à l'égard de leurs denrées ;

Que la Loi faisant un devoir aux vrais patriotes, amis de l'ordre et du bonheur commun, de dévoiler toute espèce d'abus et infractions, ils demeurent invités à les déclarer à la police municipale ;

Qu'invitation sera faite à la police de ce district de faire connaître à tous les cantons de son arrondissement les dispositions du présent, en les assurant de l'accueil fraternel que leur promet cette municipalité et de la justice et sévérité qu'elle continuera d'exercer contre toute infraction à la loi et aux règlements de police.

XXV

Cette étude sur la Révolution ne concerne pas seulement Nantua et son district ; nous demandons donc à jeter un regard en arrière, et à dire un mot des représentants, « chargés de mission dans l'Ain », qui parcoururent le Bugey et le pays de Gex, après Amar et Merlino, dont nous allons donner la biographie en quelques mots.

Amar (Jean-Baptiste-André), né à Grenoble en 1750 ; mort à Paris en 1816. Il était avocat à Grenoble, lorsqu'il fut délégué à la Constituante. Envoyé en mission dans le département de l'Ain, le 18 mars 1793, ses excès le firent révoquer le 21 mai 1795. Il n'accepta aucune fonction sous le gouvernement impérial et dut à cette circonstance d'échapper aux proscriptions de la Restauration.

Merlino (Jean-François-Marie), né en 1738 à Trévoux, où il mourut en 1805, fut envoyé à la Convention Nationale par le département de l'Ain. Excellent cœur, il déposa plusieurs motions dans un but humanitaire : il sollicita notamment un secours de trois millions au profit des ouvriers lyonnais ; il fit accorder une pension de 2.000 francs à la veuve et aux enfants de Jean Losne, fusillé à Lyon, et reconnu innocent le lendemain de son exécution ; enfin il prononça un discours pathétique sur le sort des aveugles et appela l'attention de la Convention sur l'hôpital des Quinze-Vingt. Réélu en 1798, il siégea au conseil des Cinq-Cents jusqu'au 18 brumaire, et se retira dans son département où il resta éloigné des affaires.

Javogues (Charles-Claude), né à Bellegarde, était huissier près le Parlement de Bourgogne quand Dijon l'envoya siéger à la Constituante. Pendant le siège de Lyon, il fut aux côtés de Dubois-Crancé. Dans le département de l'Ain, où on l'envoya en mission, sa conduite fut telle que la Convention le remplaça, après que Couthon eut dénoncé ses crimes à la Convention. Accusé de conspiration dans l'affaire de Grenelle, il eut la tête tranchée. Javogues était alors âgé de 37 ans.

Gouly naquit à St-Martin du Mont, en 1752. Son père était chaudronnier à Bourg. Dixième enfant d'une pauvre famille, il partit, à 15 ans, pour Paris dans l'intention de finir des études médicales commencées à l'hôpital de Bourg.

A l'Ile de France, où il resta pendant 24 ans, comme docteur-médecin, notre compatriote fit fortune ; puis il rentra en France quand il fut nommé représentant de la colonie dont il connaissait admirablement les besoins. « Il gravit la montagne, à la Chambre de Paris, pour défendre la cause du Peuple », ainsi qu'il l'écrivit lui-même.

Gouly siégea également au conseil des Cinq-Cents, et abandonna la scène politique, en 1797, pour se retirer dans une magnifique résidence qu'il avait achetée à Versailles et où il mourut en 1823.

Gouly avait été envoyé en mission dans le département de l'Ain, pour y faire oublier les excès de Javogues.

Parti de Bourg où il avait été accueilli avec enthousiasme, le nouveau proconsul se rendit à Belley, puis dans le pays de Gex, dont il ne fut pas enchanté et qu'il traite couramment, dans ses rapports, de repaire de contrebandiers et d'aristocrates.

A Collonges, il ordonna que le curé « fanatique, dangereux, fût mis en arrestation jusqu'à ce qu'il se soit marié ».

De Gex, à la date du 13 nivôse, Gouly écrivit au comité de Salut Public :

Gex, 13 nivôse, an 2ᵉ de la République française, une, indivisible et démocratique.

CITOYENS COLLÈGUES,

Votre étonnement sera égal au mien, quand vous saurez que les marchés de Genève sont aussi bien, pour ne pas dire mieux, fournis qu'avant la Révolution, et surtout qu'ils le sont par des Français, tant du district de Gex que du Mont-Blanc, tandis que Seyssel et ses environs ne savent où prendre du pain pour vivre une journée ; tandis que les troupes de la République en garnison dans cette contrée manquent de l'extrême nécessaire : — quand vous saurez qu'on traite ici en espèces et en assignats, que ces derniers perdent dans ces traités jusqu'à 40 pour cent ; — quand vous saurez enfin qu'on y méconnoit absolument les lois, surtout celle du *maximum,* et q'uil n'y a eu jusqu'à ce jour pas un individu de dénoncé. Jugez par là des autorités constituées et de la société populaire. Je vais donc assembler le peuple demain ; et, d'après les renseignemens que j'ai pris, je vais tout renouveler et supprimer le tribunal de district. Je vais faire faire des visites domiciliaires exactes, et arrêter provisoirement une cinquantaine de citoyens, sauf à vérifier leur conduite ; cette mesure est indispensable pour assurer le succès de mes opérations.... Grand Dieu ! quel pays ! Diogène seroit plus embarrassé ici qu'à Athènes !

Ne dirait-on pas que cette lettre a été écrite par un *antizonier moderne,* reprochant aux Gessiens, — on disait Gessois autrefois, — de commercer de préférence avec les Genevois ?

Cependant Gouly put reconstituer la municipalité avec de fervents républicains ; il nomma Christophe Bouquet, horloger, comme maire, Nicod Marat, ancien militaire, comme agent national, Jean-Philippe Nicod, cultivateur, comme juge de paix, Brutus Ducimetière, aubergiste, Jean Castillon, maître d'école, et Michel Grandperret, perruquier, comme membres du comité de surveillance. Après avoir frappé les riches Gessois d'une taxe révolutionnaire « destinée au soulagement des veuves et orphelins des militaires morts pour la défense de la Patrie, ainsi que de ceux estropiés et blessés », et menacé de la prison de Nantua les citoyens et citoyennes du pays de Gex qui se croiraient dispensés d'acquitter la taxe révolutionnaire, Gouly expulsa les « Genevois du pays de Gex » et fit une guerre à outrance aux égoïstes et aux accapareurs de grains.

Après avoir quitté le pays de Gex, Gouly vint résider, pendant quelques jours, à Châtillon-de-Michaille où il prit divers arrêtés concernant l'approvisionnement des marchés.

En passant à Nantua le 25 nivôse, Gouly destitua l'agent national du district Delilia qu'il remplaça par le citoyen Guichon et rapporta un arrêté pris à Gex ordonnant l'arrestation de tous les prêtres des districts de Nantua et de Pont-de-Vaux. Ces mesures gagnèrent tous les cœurs au proconsul, puisque le lendemain quinze Nantuatiens tinrent à l'accompagner jusqu'à Pont-d'Ain, puis à l'escorter jusqu'à Bourg, parce que des voyageurs leur avaient raconté qu'au Pont-d'Ain ou au chef-lieu du département, Gouly devait être assassiné.

XXVI

Les derniers mois de l'année 1793 furent tristes. Une rage de destruction s'était emparée de tout le monde. Dans l'église, devenue le temple de la Raison puis un magasin à fourrage, des vitraux remarquables, « emblêmes du fanatisme », furent brisés, — brisées aussi les belles sculptures du portail représentant la création du monde ; on détruisit, sur la place publique, vingt-quatre tableaux de prix ; on démolit le clocher, on mit les cloches en morceaux, et on brûla non seulement les terriers, mais aussi des pièces historiques, des archives, des parchemins qui établissaient les droits des prieurs et ceux qu'avaient acquis les Nantuatiens, notamment dans les forêts des paroisses environnantes.

Il y eut des vols commis ; et aux officiers municipaux et au maire qui faisaient des observations, on répondit par des injures.

Et puis la misère était extrême. On voulut faire, dans Bourg, un mauvais parti aux délégués de Nantua qui étaient venus réclamer des grains au directoire du district de l'Ain. La population était horriblement fatiguée par des passages de troupes, par des réquisitions et par une garnison de volontaires indisciplinés. Publier les notes que nous avons sous les yeux serait pousser le tableau au noir.

En août, juillet et septembre, une sécheresse brûla la terre ; tous les soirs, le soleil se couchait, comme nous l'avons vu en 1870, dans un nuage de sang.

Dans le pays de Dombes, les paysans assommaient, pour les dépouiller, les fédéralistes échappés de Lyon ; sur la frontière, des montagnards agissaient de même, à l'égard des émigrés.

N'insistons pas. La France était à un tournant de l'histoire ; la République avait à lutter contre les ennemis de l'intérieur, contre les conspirateurs de l'extérieur, et l'affolement se comprend. Quant aux dénonciateurs, aux brûleurs de tableaux, aux brûleurs de chartes et d'archives et aux voleurs, peut-être les retrouvera-t-on à la Restauration faisant la courbette devant le sous-préfet de Louis XVIII, comme leur ancien maître Albitte avait plié le genou devant Bonaparte, et suivant dévotement, les mains jointes et les yeux baissés, les processions expiatoires.

Voici la liste des titres et archives qui furent brûlés sur la place de l'Egalité de Nantua :

Plans et pièces de délimitation.
Bulles, cessions, donations, fondations.
Nominations aux offices et prébendes.
Procès et contestations avec les particuliers.
Procès contre les communes.
Procès et différends entre les religieux et les prieurs.
Liasses de procédures, 148, à 20 pièces chacune.
Transactions entre les prieurs et les communes.
Dîmes, impôts, rôles, servitudes.
Pièces diverses sans désignation d'objet.
Pièces historiques du prieuré.
Fermes et ventes.
Procès et différends avec les curés des communes.
Vieux parchemins historiques contenant les fondations, donations, prises de possession, etc., etc.
Volumes reliés contenant les légendes, fondations, donations et autres choses remarquables.
Terriers dont quelques-uns remontent au XIIe siècle.
Chapitres généraux de l'abbaye de Cluny.
Délibérations du chapitre.
Manuscrits.

Au total 9.755 livres, registres et manuscrits.

Nous avons vu que la misère était grande à Nantua ; elle devint tellement affreuse chez ceux des habitants dont les fils, à l'appel de la Patrie en danger, étaient partis aux armées, que la commune dut faire le nécessaire pour secourir les vieillards qui n'avaient plus de soutiens.

Voici les noms des volontaires :

F. Bilon, J.-M. Bilon, J.-P. Jaquet, F. Buas, Benoît Balivet, M. Berthelon. P. Morel, J. Evrard, Jacques-François Monet, L. Beloud, N. Ceizériat, A. Gonetant. J. Richard, J.-C. Galliard, J.-F. Moirou, J. Mermillon, C. Mermillon, C. Thomasset, J.-A. Rolley, J.-B. Trosset, A. Moirou, N. Sonthonax, J.-L. Chavent, A. Aleyme, C.-J. Sonthonax, Noël Piquet, C.-F. Chapel, J.-M. Rumilly, J.-B. Thomasset, P. Laissard, F. Bual, J. Musy, P. Durand, J. Berger, A.-F. Latau, C. Clerc, François Guillermet, B. Augier, J.-P. Molinard, J.-D. Molinard,

J.-F. Bertet. A.-C. Butavand, J. Julliard. J.-A. Ricanet,
J.-Ph. Ricanet. A. Mercier, J. Mercier, J.-C. Olliet.
B. Moyat, P.-C. Danthon, A. Gaillard. T. Bernard,
C. Alombert. B. Curtet, M. Chavent. J.-B. Cuzin, Ch.
Bulliat, B. Durafour, P.-J. Durafour, J.-F. Gay, F.-J.
Bouvet, J.-P. Ricanet. J. Béatrix, J. Carmand, Paul
Jaquet, C.-J. Guillermet, F. Drivier, P. Roland, J.-F.
Maissiat, L.-J. Maissiat. F. Bolley, J.-P. Perrin, P.-F.
Martin, J. Martin, J.-Gasp. Bouvet, B.-J. Curtet, J.-C.
Beloud. L.-J. Venière, C.-L. Genolin, J.-M. Mercier,
F. Mayet. Ch. Guillermet, J.-S. Moirou, E. Durand.

Pour en finir avec 1793, rappelons une
anecdote moins sombre.

Il y avait, au château de Montréal,
chez M. de Moyriat, deux fauconneaux
en bronze ; au château de Pradon, chez
M. de Maurier, quatre vide-mulets en
cuivre. La municipalité imagina de réquisitionner ces pièces d'artillerie pour
défendre Nantua au besoin. On répara
ces canons, on les plaça sur des affûts,
et puis on ne s'en occupa plus.

A la Restauration, M. de Chaponay,
maire de Nantua, réclama les vide-mulets ; on les lui rendit ; quant aux fauconneaux, ils restèrent au Collège et leurs
salves annoncèrent les fêtes de MM. les
principaux.

En 1870, quelqu'un eut l'idée de sortir
les fauconneaux du Collège et d'aller
réquisitionner les vide-mulets au château de Pradon. Cette artillerie, montée
sur des affûts improvisés, fut traînée par
des gamins sur la route de Port. Le recul
envoya promener les vide-mulets dans
le Pré-à-l'Ours ; des deux fauconneaux,
un seul voulut bien partir et le biscaïen
qu'il lança faillit tuer M. le substitut
d'alors, qui se trouvait sur la promenade
de la Vierge.

Les deux fauconneaux du château de Moyriat sont quelque part, sous la halle aux grains ; quant aux vide-mulets, ils ont disparu.

Espérons, pour les artilleurs, qu'on les laissera tranquilles, et qu'on ne les réquisitionnera plus pour répondre aux krupps dont on nous menace.

1794

XXVII

Albitte arriva dans l'Ain, le 17 janvier, revêtu de pouvoirs illimités, comme représentant du peuple en mission, conformément aux décrets de la Convention nationale, et d'après un arrêté signé Billaud-Varenne, Barière et Carnot. Il remplaçait brusquement Gouly que les sans-culottes trouvaient trop modéré. Le proconsul était, en outre, nommé adjudant général de l'armée des Alpes, « quoiqu'il n'eût jamais porté les armes pour la défense de la Patrie et qu'il n'ait pu montrer d'autres blessures, d'autres cicatrices que celles qu'il peut avoir reçues dans ses combats contre la milice de Vénus », — c'est du moins ce qu'en pensaient les citoyens de Belley, dans une plainte à la Convention nationale, où ils reprochaient encore à Albitte d'avoir donné le mauvais exemple et perverti les mœurs par sa conduite scandaleuse avec des prostituées, d'avoir aussi, pendant son séjour à Bourg, accaparé le lait qui y était apporté pour l'employer dans ses bains destinés à rétablir sa santé affaiblie par les débauches. Du reste, Albitte n'avait pas pour amies que des prostituées ; quand il arriva à Nantua, il était accompagné de Blanc-Desiles, agent national de la commune de Bourg, et de la femme d'icelui.

Qu'était-il donc ce « féroce proconsul », cet Albitte qui fut, dans la suite, chargé de tous les crimes révolutionnaires par les timorés qui lui avaient servi de janissaires ou de mouchards ?

Député de la Seine-Inférieure, il fut chargé de diverses missions dans le département de l'Ain, où des villes, comme Bourg et Saint-Rambert, étaient composées de réactionnaires qui faisaient des vœux pour les fédéralistes enfermés dans Lyon et luttant contre les troupes de Kellermann et de Dubois-Crancé.

Albitte fut plus impitoyable dans les foyers de réaction où les jeunes gens réquisitionnés fuyaient à l'étranger pour ne pas marcher contre les Lyonnais insurgés. Albitte rejeta dans les prisons 555 citoyens et citoyennes accusés de modérantisme que Gouly avait fait relaxer ; puis il fit un choix, parmi ces prisonniers, de cinquante personnes qui furent conduites à Lyon où dix-huit d'entre elles montèrent sur l'échafaud (le 14 février 1794).

Commissaire du gouvernement à l'armée d'Italie, il fit traduire devant le conseil de guerre le général Brunet, vainqueur des Piémontais, qui périt sur l'échafaud.

Après le 9 thermidor, Albitte se réfugia auprès de Bonaparte, dont il devint l'administrateur et qui le nomma sous-inspecteur aux revues. Cependant le duc de Raguse, dans ses Mémoires, raconte qu'Albitte fut un des représentants du peuple envoyés à l'armée d'Italie pour arrêter Bonaparte comme complice de Robespierre. Quelques années après, il déplorait, auprès de M. Girod (de l'Ain), aide de camp de Desaix, le rôle funeste qu'il avait joué dans l'Ain, pendant la Terreur. Albitte mourut à l'âge de 52 ans, pendant la retraite de Moscou, dans la peau d'un ardent bonapartiste.

« Ce 22 décembre 1798, a écrit Lalande, j'ai dîné avec Albitte ; il m'a embrassé et m'a fait horreur ».

Albitte, dont le nom fut longtemps exécré dans notre région, après avoir fait exercer des mesures de rigueur contre les détenus (*), organisa « le service

---

(*) D'après un arrêté du proconsul, treize hommes pris parmi les indigents de la commune de Nantua devaient, sous les ordres d'un officier, monter la garde devant les maisons de détention ; et c'étaient les prisonniers qui étaient obligés de payer leurs gardiens à raison de 54 sous par jour.

pour l'exécution des mesures du Salut Public et du Gouvernement révolutionnaire ». Quand il eut pris « les renseignements les plus scrupuleux et les plus précis et consulté l'opinion des sans-culottes nantuatiens », il nomma un comité de surveillance dans lequel furent enrôlés, bon gré, mal gré, les citoyens Etienne Lepely, horloger, Louis-François Millet, homme de loi, Claude-Joseph Thevenin, marchand cloutier, Alexis Rochat, chapelier, Benoît Guinet, cordonnier, Joachim Moiroux, cordonnier, Joseph Martin, cordonnier, Jean-Baptiste Bachoud, chapelier, Lecot, tourneur, et Jean-Baptiste Allegret, fabricant d'étoffes, et il fit suivre cette nomination de conclusions qui durent donner à méditer à ces nouveaux fonctionnaires :

« Le comité de surveillance de Nantua, organisé par et au nom de la volonté nationale, est spécialement chargé du soin de s'occuper sans relâche de la surveillance dans la commune, du maintien de la Liberté, de l'Egalité et de toutes les lois dont l'exécution lui est confiée. Les citoyens ci-dessus désignés sont investis, dès ce moment, au nom de la Loi, de pouvoirs attachés à leurs fonctions, comptables envers la Patrie de leurs talents, de leurs vertus et sous la responsabilité terrible imposée par les lois aux fonctionnaires publics ».

Les créatures d'Albitte n'étaient pas non plus, — comme on le verra au chapitre suivant, — exemptes de tout soupçon ; quant à Albitte, lui-même, son intégrité n'aurait eu rien d'absolue, si nous en croyons ces lignes écrites derrière des assignats encadrés, que l'un de nos amis trouva dans une maison de St-Germain de Joux :

A la Révolution française, le soussigné *Claude Cottin* a été 1" nommé pour l'assemblée du bailliage tenue à Belley où il a passé vingt jours ; 2° procureur de sa commune importante de Saint-Germain de Joux ; 3° électeur aux assemblées de Bourg, Trévoux et Montsuit ; 4° administrateur du district de Nantua deux ans de suite ; 5° nommé par le représentant du peuple Boysset maire de Saint-Germain, percepteur, trésorier et premier agent pendant deux ans ; ce faisant, je déclare à la postérité que j'ai mangé en numéraire métallique, outre mon temps, six mille francs, non compris vingt-neuf mille cinquante francs qui m'ont rendu la somme de quarante-cinq francs de numéraire, et douze cents francs que le féroce Albitte me vola en son passage à Nantua, en enlevant les registres du district et ceux de la Société Populaire de laquelle j'étais membre. Toutes ces affaires m'ont réduit à vivre aujourd'hui au pain de la soupe et à boire de l'eau. J'ai fait encadrer quelques assignats afin que la postérité puisse voir de quoi les Français ont soutenu et fait la Révolution et la guerre à toute l'Europe et amené la paix dont nous célébrons aujourd'hui la fête.

A Saint-Germain de Joux, ce 20 germinal,
    an IX républicain.

Claude Cottin.

Le comité de surveillance eut son siège à l'ancien collège des Joséphistes, dans deux chambres qui prenaient jour sur le jardin du citoyen Bastien, du côté de la ci-devant église.

Aucune fonction n'était alors une sinécure ; le conseil de la commune devait se tenir en permanence tous les jours, sauf le décadi, et l'agent national rappela au sentiment du devoir les officiers municipaux qui, « peu pénétrés de la responsabilité qui pesait sur tous les fonctionnaires publics et, sans égard pour les dangers de la Patrie, songeant trop à leurs intérêts particuliers, négligeaient

de remplir avec zèle et exactitude les
devoirs qui leur étaient imposés ». Le 9
germinal, l'agent national Jagot mit en
demeure la municipalité de Nantua de
« délibérer avec fermeté et courage et
désigner les membres de cette assemblée
qui méritent d'être dénoncés pour leur
insouciance à servir la Patrie, afin d'en
instruire le représentant du peuple Albitte ».

En même temps qu'il organisait le comité de surveillance, Albitte choisissait,
dans le sein de la municipalité, trois
commissaires chargés de *faire* et *défaire*
les paquets de lettres déposés au bureau
de la poste.

Les réquisitions succédaient aux réquisitions : réquisitions des grains et des
fourrages, exécutées dans la région d'O-
yonnax par le citoyen Sonthonax, dans
la région de Châtillon-de-Michaille par
le citoyen Isidore Caire ; réquisitions de
carabines, de sabres, de cendres et de
salins, de vivres, de comestibles de toutes
espèces et de salpêtre que le citoyen
Bilon jeune, de Nantua, fut chargé d'enlever *révolutionnairement* aux voûtes et
parois des caves, églises, chapelles et
maisons particulières. Quant aux citoyens chefs de ménage qui, dans le délai
de trois jours, ne déclaraient pas à la
municipalité les froment, seigle, avoine,
légumes, fèves, mêlés, maïs, sarrazin,
foin et paille dont ils s'étaient rendus
acquéreurs, ils étaient « réputés suspects
et traités comme tels ».

Les 7 et 8 pluviôse, Albitte avait pris un arrêté contre les prêtres ; le 6, M. Laporte, curé de Nantua, détenu dans la prison de Bourg, lui avait adressé la lettre suivante :

Citoyen représentant.

Lors de son passage à Nantua, le représentant Gouly fit, le 25 dudit mois de ventôse, un second arrêté portant que les prêtres et ex-prêtres du district qui avaient été mis en état d'arrestation en vertu de celui du treize seraient mis en liberté, à l'exception, y est-il dit, de ceux contre lesquels il y aurait eu des plaintes graves.

Il n'existe point de plainte contre moi, et cependant je suis toujours détenu.

Je recours donc à toi, citoyen représentant ; ce n'est pas une faveur que je demande, c'est une justice.

Citoyen représentant, rendu à la classe de simple citoyen, je veux me livrer à l'agriculture, m'unir à une épouse ou adopter un enfant d'un sans-culotte ; pour remplir ces devoirs, la liberté m'est nécessaire.

LAPORTE, républicain.

Cent seize prêtres signèrent, dit-on, la formule d'abjuration qui fut attribuée à l'un d'eux, l'abbé Grumet.

L'arrivée d'Albitte dans le département avait réveillé tous les sans-culottes ; les comités de surveillance pour la destruction des églises et l'enlèvement des cloches envoyées dans les fonderies nationales et des cordages destinés à l'armée qui assiégeait Port-la-Montagne (Toulon) agissaient violemment, et parfois le zèle de ces comités dépassait la mesure. On a vu que le citoyen Bilon, président du comité de surveillance du district de Nantua, avait réquisitionné *révolutionnairement* le salpêtre des caves et chapelles ; c'est lui aussi qui avait armé Nantua des deux fauconneaux du château de Maillat et des quatre vide-mulets du château de Pradon ; le château de Montréal ne devait pas échapper à ses investigations, puisque nous retrouvons, dans les archives du district, la note suivante :

> Ce jourd'huy 30 nivôse, an II de la République française, une et indivisible, le conseil municipal assemblé d'après la lettre remise ce jourd'huy par le citoyen Raspard, au sujet d'une quantité de 80 feuilles de fer-blanc qui se trouvent entre les mains du citoyen Louis-Archambaud Douglas de cette commune, il est arrêté que les agents municipaux se transporteront chez ledit Douglas pour faire la recherche desdits fers-blancs et ensuite en donner avis au comité de surveillance de Nantua, conformément à l'avis de mandé par le citoyen Bilon, en sa qualité de président dudit comité.

Un autre arrêté constate que l'on ne trouve en réalité, au château de Montréal, que 50 feuilles de fer-blanc et qu'il fut enjoint à leur possesseur de ne pas s'en défaire, ni même les employer pour son usage, et de les conserver sous sa responsabilité jusqu'à nouvel ordre.

Le 24 pluviôse partit de Bourg et d'Ambronay pour Lyon (Commune Affranchie) un convoi de dix-huit suspects ; quinze, dont l'histoire a conservé les noms, furent exécutés sur la place des Terreaux à Lyon, le 26 pluviôse. Ce furent les seules victimes de la Terreur dans l'Ain.

En même temps que les suspects, qui devaient périr sur l'échafaud à Lyon, se trouvait, dans la prison d'Ambronay, le citoyen Claude-Antoine Bellod, menuisier au Grand-Abbergement, qui a laissé, dans un manuscrit fort curieux, le récit de sa détention et le tableau de la misère dans nos montagnes, au cours des premiers mois de 1794. Nous donnons, sans commentaires, quelques extraits du manuscrit de Claude-Antoine Bellod :

La République fit une levée de juments le 26 octobre (1793) de six par canton : celle du pauvre citoyen Claude-Antoine Bellod fut choisie, qui n'avoit que celle-là pour travailler son terrain : et, le même jour, il fut dénoncé « pour s'être plaint » par le coquin de C., curé, et Bernard C., intrigant, par devant le comité de surveillance, qui le fit arrêter par la garde nationale et garder à vue chez lui pendant vingt-quatre heures ; et l'on mit les scellés sur ses papiers, l'accusant de correspondre avec les émigrés et d'avoir refusé des assignats.

Conduit de suite à Bourg par les gendarmes de Ruffieux, dans la voiture du brave Joseph Brunet, il entra dans la maison de Sainte-Claire, maison d'arrêt, le 1er novembre 1793, à quatre heures du soir, avec Marie-Thérèse Colliex, sa femme, qui en sortit le 15, mise en liberté par le comité central. On l'avoit incarcérée à cause que son frère était prêtre et s'étoit déporté. Que de larmes cette pauvre femme répandit avec son pauvre mari, lorsqu'ils se quittèrent ! Son pauvre mari fut transféré à la maison d'arrêt d'Ambronay le 5 décembre, où il est resté jusqu'au 26 mars (6 germinal), premier vendredi de Carême qu'il reçut sa liberté... Ma pauvre femme travailla fort pour me sauver la vie. Elle fit neuf voyages à Ambronay et à Bourg auprès des représentants. Outre les neuf voyages de Bourg, elle en fit encore deux à Belley, le dernier pour aller attendre le représentant Albitte, et après avoir attendu deux jours, le mal d'enfant la prit : elle se mit en route à pied et vint accoucher à Artemare de deux garçons bien portants et gros, qui furent baptisés le même jour, 7 ventôse, par les parrains parce qu'il n'y avait point de prêtres : parrain et marraine du premier, Anthelme Gonod, maire du lieu, avec sa femme ; parrain et marraine du second, Armand Métrat, tailleur de pierres, avec Antoinette Dépine.

La pauvre femme, mère de ces deux enfants, ne demeura que quatre jours à ses couches ; elle se fit ramener en voiture avec ses pauvres petits vers ses autres infortunés enfants, qu'elle avait laissés entre les mains d'une brave fille, Catherine Morel, qui les servoit cette année de révolution et qui heureusement étoit attachée à ses maitres, sans quoi leurs enfants auraient péri et leurs biens.

Aperçu de l'orage impétueux qui a renversé la religion dans le département de l'Ain : Tous les prêtres jureurs « assermentés », il n'y en avoit pas d'autres, ont été conduits dans les prisons d'arrêt, où on les a fait abjurer. Sur 200 dans le département, il s'en est trouvé que 26 qui ont été fermés dans leur religion ; savoir : 15 dans la maison d'Ambronay, 9 dans celle de Bourg et 2 dans celle de St-Rambert. Quel coup fatal à la religion ! il y a de quoi faire frémir les rochers. Chose exécrable à voir mettre à bas les clochers, renverser les autels, briser les vases sacrés brûler les représentations des saints, déchirer les tableaux, fouler aux pieds les ornements et les croix ; le tout fait par les chrétiens mêmes de chaque paroisse. Les barbares n'en ont jamais tant fait.

Quelle abominable tempête éclata au Grand-Abbergement le 18 décembre 1793 ! Une dizaine de brigands de la paroisse, qui firent tout le vacarme dans le courant de janvier suivant, portaient le Christ sur les places publiques en lui jettant des pierres. Tous les bons chrétiens se sauvoient, n'osant paroître devant ces démons, crainte d'être dénoncés suspects et incarcérés comme tels.

Triste année d'une grande révolution, où le pauvre peuple mouroit de faim, à cause des réquisitions et du maximum qui avoient mis bas le commerce du blé et des denrées ; où tout le monde crioit la misère et le manque des objets nécessaires à la vie ; où tout étoit d'une cherté exorbitante : des juments de quatre ans, 2.000 livres ; — des bœufs de trois ans, 1.200 livres ; — des vaches de quatre ans, de 4 à 500 livres ; — des souliers d'enfant, 7 livres ; — des souliers de femme, 15 et 20 livres ; — des souliers d'homme, 30 livres ; — les semences de blondée (méteil), 15 et 20 livres le bichet (26 litres 64 centilitres). Le pauvre peuple fut lapidé cette année-là par les réquisitions. Au mois de juin 1794, l'on mena deux voitures de paille et de foin à Seyssel et soixante quintaux d'avoine ; au mois de juillet, on mena aussy plusieurs voitures d'avoine à Grenoble. Le 8 septembre suivant, toutes les communes furent requises pour aller couper deux mille arbres de marine, bois sapin, dans les forêts de Meyriat ; le contingent étoit d'un arbre par homme à couper et approprier (dépouiller des branches et de l'écorce). Il fut requis vingt paires de gros bœufs dans chaque commune pour les démontagner et les conduire sur le port de Neuville ; on en avait déjà amené quinze par commune le 18 août ; celle du Grand-Abbergement en fut pour 1.600 livres aux voituriers de Chevillard qui menèrent son contingent. Jugez que le pauvre peuple étoit tourmenté, sans compter 1.800 livres qu'il fallut encore payer au citoyen Ambroise Viviand, qui eut l'adjudication du chemin vicinal du Grand-Abbergement au Préaux.

XXVIII

Albitte resta peu de temps à Nantua ; mais il envoya par la suite dans cette ville son *alter ego*, le citoyen Baron-Challier, « pour chauffer l'esprit révolutionnaire ».

Baron-Challier était parti de Chambéry le 18 mars 1794 ; il passe par Belley et par Mont-Ferme (Saint-Rambert) et se trouve à Izenave le 1ᵉʳ germinal. Là, pendant son dîner, il réquisitionne des travailleurs et fait abattre trois tours du château, puis il arrive à Nantua. Il trouve cette ville très républicaine et constate que l'esprit de la société populaire et du peuple y est excellent, que les réquisitions (vieux chiffons, vieilles futailles, etc.) sont exécutées et que quarante-neuf suspects sont détenus.

Parmi ces détenus se trouvaient sept membres de la famille de Moyria, un de la famille d'Aubaréde, cinq de la famille de Lombard, deux de la famille de Laguette de Mornay, un de la famille de Laporte, un de la famille de Reydellet, quatre de la famille de Forcrand, un de la famille Douglas, deux de la famille Desbordes. Les arrestations de ces 24 nobles avaient été opérées à la suite d'un arrêté d'Abitte daté du 23 ventôse.

Plus loin les noms des prêtres que nous trouvons dans le livre d'écrou de l'époque. Ils n'avaient jamais donné des preuves d'incivisme, dit un arrêté de la municipalité du 25 vendémiaire an III; on ne leur reprochait que le refus de signer la formule d'abjuration exigée par Albitte; les autres prêtres, ceux qui n'avaient pas voulu se marier ou prendre à leur charge l'enfant d'un patriote indigent, avaient été laissés en liberté provisoire, sous la surveillance du comité révolutionnaire.

Voici la formule d'abjuration que n'avaient pas voulu signer les prêtres dont les noms suivent :

Je..., âgé de .., né à..., commune de.... département de..., district de.... faisant le métier de prêtre depuis l'an.... sous le titre de.... convaincu des erreurs par moi trop longtemps professées, déclare, en présence de la municipalité de..., y renoncer à jamais ; déclare également renoncer, abdiquer et reconnaître comme fausseté, illusion, imposture, tout prétendu caractère ou fonction de prêtre, dont j'atteste déposer sur le bureau de ladite municipalité tous brevet, titres et lettres ; je jure, en conséquence, en face des magistrats du peuple duquel je reconnais la toute puissance et la souveraineté, de ne jamais me prévaloir des abus du métier sacerdotal auquel je renonce, de maintenir l'égalité, la liberté de toutes mes forces, de vivre et de mourir pour l'affermissement de la République une, indivisible et démocratique, sous peine d'être déclaré infâme, parjure et ennemi du peuple.

Voici les noms des prêtres qui refusèrent de signer la formule qu'on vient de lire et qui furent incarcérés dans les prisons de Nantua :

Jean-Baptiste Reboux, ex augustin, né à Arbent, 65 ans. Neuf mois de détention.

Joseph-Antoine Couchoux, ex missionnaire, né dans le district de la Tour-du-Pin.

Benoît Bertrand, ex missionnaire, né à Crémieux.

François-Philippe Bertrand, ex missionnaire, né à Crémieux.

Joseph-Marie Rigollet, ex missionnaire, originaire de la Tour-du-Pin, — détenu depuis le 1er floréal, en suite d'une dénonciation faite au bureau de surveillance de la commune de Nantua, dénonciation sur laquelle le conseil du district ne put se prononcer pour « *n'en avoir pas eu connaissance* ».

Joseph-Marie Bournet, ex curé de Champfromier, 38 ans ; détenu depuis 9 mois.

Etienne-Marie Requeville, ex curé de Chevry, 61 ans, infirme.

Mathieu Veillas, ex curé de Courtenay, district de la Tour-du-Pin, détenu depuis 9 mois. A été arrêté au Balmay où il se trouvait en résidence depuis quelque temps.

Claude-Joseph Durier, ex curé de Chézery. On ignore les motifs de son arrestation.

Marie-Thérèse Reydellet, ex noble,

ex religieuse, née à Izernore, 67 ans, pauvre et infirme.

Claudius Godio, ex religieux résidant à Lantenay, né à Montferra, détenu depuis 10 mois.

Claudius Verzier, né à Givors, résidant à Lantenay.

Jean-Charles-Marie Lombard, ex bénédictin, ex prêtre et ex noble, né à Lagnieu. « Ce citoyen remplit avec zèle les fonctions de maire et de receveur de la commune de Nantua ; il est infirme et a démontré dans tous les temps l'attachement le plus prononcé à la cause de la Révolution ».

Claude-Joseph Blanc, ex prêtre et ex bernardin, 60 ans, infirme. Elargi et sous la surveillance des autorités constituées par un arrêté du représentant Méaulle.

Michel Romand, cordonnier. « A contrevenu à la loi du maximum ».

Voici les noms des quatorze citoyens ex prêtres qui se sont conformés à l'arrêté d'Albitte du 8 pluviôse, ont signé l'abdication transcrite ci-dessus et sont restés sous la surveillance de la municipalité pour ne s'être pas mariés ou pour n'avoir pas appris un état utile à la République :

Éléonore Frère-Jean.

Anselme Monin.

Jean-François Rigollet.

Gaspard-Joseph Maillet.

Jacques-François Jagot.

Charles Lacoin.

Charles Butavan.

Jean-Baptiste Guillermin.

Jean-Claude Bret.

Mathieu Poncet.
Pierre Gros.
Joseph-Marie Bulliod.
Pierre-François Pernet.
Pierre Collet.

En quittant Nantua, Baron-Challier se rendit à Châtillon-de-Michaille et il écrit : « La Société populaire est bonne, le fanatisme écrasé, le ci-devant dimanche oublié, car les laboureurs et ouvriers travaillent ce jour-là ».

A Collonges, l'esprit public est mauvais ; les habitants sont disposés à laisser passer le numéraire en Suisse. De St-Genis, Baron-Challier donne l'ordre d'arrêter un maître de poste de Cerdon et un aubergiste de Châtillon-de-Michaille, qui favorisaient l'exportation de l'argent français à l'étranger.

Des plaintes amenèrent la disgrâce des officiers municipaux nommés à Bourg et à Belley par Albitte ; le proconsul lui-même fut frappé et la Convention lui ordonna de terminer sa mission dans l'Ain dans les derniers jours d'avril 1794.

Dans un autre chapitre, nous verrons les souvenirs qu'Albitte et ses amis avaient laissés dans le canton de Nantua ; nous donnerons aussi des détails édifiants sur la conduite et sur les mœurs de ceux que le futur sous-inspecteur aux services des troupes impériales avait choisis pour délégués.

XXIX

Les plaintes des districts de Bourg et de Belley portées devant la Convention délivrèrent le département de l'Ain du proconsul qui le tyrannisait depuis trop longtemps.

Méaulle, qui succéda à Albitte (le 2 mai 1794), était plus modéré ; il répara en partie les injustices commises par son prédécesseur et fit mettre en liberté les ex nobles de Lombard, de Nantua, Desbordes, de Forcrand, de Groissiat, de Marganas, Dugas, Duport et Boissat. S'il faut en croire le dictionnaire de Larousse, le nouveau proconsul élargit plus de deux cents prévenus, qui n'avaient commis aucune faute grave et dont le civisme avait été affirmé par les autorités locales.

Méaulle (Jean-Nicolas), né, en 1757,

à Saint-Aubin du Cormier (Bretagne), mort à Gand (Belgique) en 1826, avait été élu député suppléant à l'Assemblée législative par le département de la Loire-Inférieure. Il vota la mort de Louis XVI sans appel ni sursis et fut de ce fait proscrit comme régicide par la loi du 12 janvier 1816, lors de la Restauration des Bourbons. Il entra au Conseil des Cinq-Cents, en sortit commissaire du gouvernement dans la Meuse, en 1797, devint juge au tribunal de cassation, en 1798, *procureur impérial* près le tribunal civil de Gand et substitut du procureur général à la cour de Bruxelles, en 1814.

Nous avons dit plus haut les noms des ex nobles que Méaulle avait fait mettre en liberté ; mais, d'après l'avis du conseil du district de Nantua, il laissa en prison M. Douglas, de Montréal, et prit un arrêté traduisant devant le tribunal révolutionnaire de Paris les citoyens de Nantua :

Charles-Marie Laporte, dit de Boursin, ex noble, prévenu d'avoir conservé chez lui différentes brochures tendant au rétablissement de la royauté et une note écrite de sa main, calomnieuses contre les patriotes de Lyon et notamment contre Challier, martyr de la Liberté, contre plusieurs représentants du peuple et annonçant la proscription de personnes, dont les noms sont inscrits.

Jean-Louis Mathieu, prêtre, prévenu d'avoir tenu des discours contre-révolutionnaires, et notamment d'avoir dit, dans un repas chez Bernardin Allegret, citoyen de la commune de Nantua, « qu'un temps arriverait où naîtrait la guerre civile ; que l'on s'entretuerait et s'égorgerait les uns les autres, et qu'il était surpris en se réveillant chaque matin de se trouver encore vivant » (*sic*).

Honoré Revoux, prévenu d'avoir tenu à différentes époques des propos contre-révolutionnaires, d'avoir cherché à tromper et égarer le peuple en disant que la Convention ne tiendrait pas et qu'elle casserait comme un verre ; que les représentants du peuple faisaient les charlatans dans le département.

Méaulle, malgré tout, ne devait pas laisser une excellente réputation dans le département de l'Ain. On lui avait dit que Belley et Bourg notamment étaient des foyers de réaction. Depuis le 9 thermidor, l'aristocratie burgienne s'organisait, et le proconsul, sur l'avis des agents nationaux du district, manda « trois cents bons bougres à poil » du pays de Gex pour égorger de nuit cent détenus dans les prisons, ou mieux pour appuyer le bourreau, Charles Fregy, qui cependant avait déclaré à l'agent Merle « qu'il ne travaillerait jamais la nuit, la Nation ne le payant que pour travailler de jour ».

Le 19 thermidor, la troupe de « trois cents bons bougres à poil », recueillie à à Gex, à Ferney et à Châtillon-de-Michaille, et commandée par seize officiers, partait de Nantua et arrivait le 20 à Bourg ; elle fut reçue par Boisset qui venait d'arriver pour remplacer Méaulle. Ce dernier, ardent thermidorien, avait, du reste, contremandé l'exécution, et Boisset n'eut qu'à prendre un arrêté, à la date du 24 thermidor, ordonnant aux gardes nationaux de Bourg de relever tout de suite « les hommes de garde des susdits gardes nationaux de Gex, Ferney et Châtillon ».

Les Bressans se vengèrent cruellement de la frayeur qu'ils avaient eue. Avec Boisset la réaction pouvait relever la tête. Les terroristes bressans furent jetés en prison ; et, dit M. Cuaz, dans sa « Notice historique sur les vrais Compagnons de Jéhu » :

« L'autorité supérieure craignant avec raison que la populace voulût massacrer les terroristes dans les prisons ainsi qu'on avait malheureusement fait à Lyon, s'entendit avec l'administration du Jura. Il fut convenu qu'on transporterait les détenus de Bourg à Lons-le-Saunier et réciproquement. Le convoi fut assailli par des vociférations et des huées. Les détenus furent frappés à coups de bâton, notamment place du Greffe. Mais, à la sortie de la ville, une femme tira un coup de pistolet, ce fut le signal du massacre, qui eut lieu dans l'allée de Challes. Ceux qui survécurent à leurs blessures furent égorgés à leur entrée à Lons-le-Saunier. Cette scène atroce avait lieu le 30 germinal. Quelque temps après le 13 prairial, la même bande alla attendre au pont de Junion dix terroristes transportés de Lons-le-Saunier à Bourg. Tous périrent dans le trajet, dit M. Chevrier, qui ajoute ensuite ces horribles détails, ne caractérisant que trop les fureurs de

cette époque : « Par précaution ils avaient
» le corps entouré de rames de papier.
» Lorsqu'on s'en aperçut, on leur hâcha
» la tête à coups de sabre. Un seul
» échappa à travers champs et fut re-
» cueilli à l'hôpital de Bourg, ayant en-
» core la moitié d'un sabre fixé dans la
» peau du crâne. »

Les Bressans, pour se disculper, dirent
que ces assassinats avaient été commis
par les compagnons de Jéhu ; mais il
est avéré que le signal du massacre fut
donné, au faubourg des Halles, par Mme
Legrand, femme d'un imprimeur qui
avait péri à Lyon sur l'échafaud révolutionnaire : elle tira un coup de pistolet
sur une voiture qui portait les détenus ;
six d'entre eux furent tués à coups de
pierre et de bâton, près du pont de Junion.

On était, à cette époque, persuadé que
tous les massacres étaient, dans notre
région, du fait des compagnons de Jéhu,
et nous en donnerons la preuve, dans le
chapitre suivant, consacré aux procès
de trois terroristes nantuatiens, grands
amis d'Albitte, les citoyens Lepely père,
Lepely fils et Secrétant.

XXX

Le 16 fructidor an II de la République,
il y eut encore un changement de municipalité à Nantua ; le représentant du
peuple Boisset, « considérant que dans
le moment où la France punit les audacieux conspirateurs qui ont, sous le masque du patriotisme, tenté de renverser
l'édifice républicain et d'arracher au
peuple la Liberté, toutes les autorités
constituées doivent être composées
d'hommes justes, fermes, éclairés, hu-
mains et vraiment patriotes », remplaça
le maire Humbert et les conseillers dévoués à Albitte par : Jean-Joseph Domange, maire, Amand Reydellet, maître
de poste aux chevaux, Amand Chevron,
marchand, Frédéric Prost, homme de loi,
Joseph Maissiat, aubergiste, Joseph
Barbe, horloger, Pierre Collier, mar-

chand, Joseph Julliard, artiste vétérinaire, et Joseph Guichon, horloger, — agent de la commune François-Joseph Jantet, officier de santé.

Boisset, qu'un arrêté du comité de salut public venait d'envoyer dans l'Ain, à la suite d'un arrêté signé par Barrère, Carnot, Prieur, Billaud-Varenne, Collot-d'Herbois et Robert-Lindé, fit d'abord élargir un grand nombre de prisonniers, puis il donna des ordres, — bien tardifs, — pour la conservation d'une cloche par commune, puisque les clochers avaient été démolis et les cloches envoyées à la fonderie de Pont-de-Vaux par suite des mesures d'Albitte ; il donna, pour soulager la misère qui régnait dans le district de Nantua, l'ordre de couper des sapins de la forêt de Meyriat au compte de la Marine ; — enfin il fit arrêter et jeter dans la prison des Claristes de Bourg les terroristes dont les excès avaient été dénoncés à Gex, à Belley et à Nantua.

A Nantua, où les anciens amis d'Albitte venaient de prélever une somme de 980 livres sur la citoyenne Marie-Anne de Grenaud (1), veuve Robin, et sur les citoyens Laguette et Douglas, internés dans les prisons par ordre du nouveau proconsul, Ducimetière dit Brutus, de Gex, Lebrun, Secrétan, Lépely père et fils,

______

(1) Madame de Grenaud, détenue malgré son grand âge (elle avait 82 ans et ses infirmités), fut une des bienfaitrices de Nantua ; elle céda ses droits sur une fontaine particulière qu'elle rendit publique ; elle donna à la commune le terrain pour le cimetière, qui existe encore de l'autre côté du bief de Combe-Jambais.

de Nantua, furent appréhendés, le 16 fructidor, et conduits à Bourg par la force armée.

De sa prison Lépely fils écrivit à la municipalité de Nantua :

> Bourg, maison de détention des Claristes, ce 21 fructidor, an 2 de l'ère républicaine.
>
> Citoyens,
>
> La révolution qui s'opère a pour but de punir les fripons et ceux qui ont été complices des factions d'Hébert et de Robespierre ; sous ce rapport, elle ne peut que faire la joie et le contentement des patriotes probes et honnêtes et affermir la République.
>
> Vous connaissez, citoyens, ma conduite ; ayant toujours vécu au milieu de vous, mes mœurs vous sont connues ; je vous prie de me donner les attestations que réclame mon innocence.
>
> Je suis avec fraternité,
>
> Votre serviteur, Lépely fils.

Le 26 fructidor, le conseil général de la commune de Nantua prenait la délibération suivante :

> Vu la lettre adressée à cette municipalité par le citoyen Placide Lépely fils, détenu pour le moment dans la maison de détention des Claristes de Bourg, datée de ce dernier lieu du 21 du courant, pour laquelle il réclame une attestation de sa conduite dans la commune de Nantua ;
>
> Considérant que, pendant plus d'un an, ledit Lépely fils a rempli les fonctions municipales jusqu'au mois de pluviôse, ayant été appelé à cette époque à celle de juge du tribunal de ce district, n'a manifesté que des principes républicains ;
>
> Ouï l'agent national ;
>
> Arrête qu'il atteste qu'il n'est pas parvenu à sa connaissance que ledit Placide Lépely fils ait manifesté aucun principe contraire et opposé à la Révolution ; arrête en outre qu'il n'entend atténuer ou prendre part aux motifs de son arrestation qui a eu lieu par arrêté du représentant du peuple Boisset, d'autant que ces motifs ne sont pas à sa connaissance ;
>
> Arrête en outre que la lettre du citoyen Lépely fils demeurera annexée au registre.
>
> Fait à Nantua, en la maison commune, les jour et an que dessus.
>
> Présents : Jean-Joseph Domange, maire, Amand Reydellet, Pierre Collier, François-Joseph Juillard et Joseph Guichon, officiers municipaux ; Jean-Antoine Delilia, Jean-Baptiste Maissiat, André-Amand-

Antoine Barbe, Jean-Baptiste Venière, François Guillot, Mathieu Guillot, François Tétafort, Mathieu Tétafort, Louis-Joseph Bouvet, Gaspard Levrat, Michel Cabanet et André Moiroux, notables, et François-Joseph Jantet, agent de la commune, qui ont tous signé.

Dans le registre du district de Nantua, nous relevons le procès-verbal suivant :

Du 28 fructidor, an 2e de la République,

Est comparu Jean-Claude Savarin, notaire public à Jujurieux, assisté d'Antoine Bollache, citoyen du même lieu, lesquels ont dit qu'ensuite d'une lettre du citoyen Boisset, du 22 de ce mois, ils se sont rendus en cette commune pour y prendre part des instructions sur la conduite et le civisme des citoyens Lépely père et fils, et Secrétan incarcérés par ordre du même représentant, qu'ils ne peuvent mieux s'adresser qu'aux membres composant le conseil général de cette commune pour obtenir les instructions demandées par le représentant, ils invitent en conséquence le conseil général à délibérer ce jourd'hui sur la conduite tenue par les citoyens Lépely et Secrétan depuis la Révolution et sont trop convaincus de son civisme pour douter qu'il laisse dans l'oubli les actions de ces citoyens qui auraient pu nuire à la marche du gouvernement républicain et à l'intérêt public.

De tout quoi ont requis acte et signé,

BOLLACHE, SAVARIN.

M. Jantet, agent national, avait reçu du citoyen Amand Chevron les deux pièces suivantes, dont il donna lecture au conseil municipal appelé à délibérer :

Citoyen agent national,

Tous les gens qui aiment la justice et la vérité te bénissent et elles ne se trompent pas lorsqu'elles croient que toi et tes collègues, notamment ton frère, ramenez le bonheur parmi un peuple qui souffre par des vexations très grandes, mais encore difficiles à en démontrer les auteurs ; je t'envoie quelques notes que tu pourras vérifier quand tu voudras ; les preuves que je cite sont sûres ; tu en feras l'usage que bon tu voudras.

Salut et fraternité.

Voici le rapport du citoyen Chevron :

Hier la motion fut faite et très appuyée que Lépely père influençait le Comité de surveillance ; que lorsque le concierge y portait des pétitions ou des pièces concernant les détenus, le Comité n'en voulait prendre aucune connaissance en l'absence de Lépely ; lorsque les détenus renvoyaient chercher les réponses de leurs pétitions ou leurs pièces, le Comité répondait, par l'organe de Lépely, qu'il les avait envoyées aux représentants, au district ou à la municipalité ; cependant ces différentes autorités déclaraient ne les avoir jamais vues. Je prouverai, tant par les personnes qui ont été mises en liberté que par celles qui sont encore détenues, que plusieurs citoyens n'ont souffert une longue détention que parce qu'on a soustrait leurs pièces essentielles, même celles qui les justifiaient entièrement.

Voici d'autres faits :

La Loi veut que, lorsqu'un concierge ou un gendarme laisse échapper un détenu, il doit être mis en état d'arrestation. Ainsi en est-il arrivé pour le gendarme Mathieu, pour le concierge Ricanet, et ainsi il en arrivera pour le concierge Humbert, quoiqu'il n'y a rien de sa faute puisque les prisonniers ont percé les murs. Cependant le citoyen Lépely père et le Comité de surveillance, qui étaient si vigilants, ont fermé les yeux pour l'évasion qu'a faite Daubarel de la personne de Julliard, qui paraît être d'autant plus de sa faute que ledit Daubarel s'est débarrassé du gendarme qui était avec lui pour mieux faciliter la fuite de la personne que le district lui avait remise entre les mains.

Lépely père a commis un autre arbitraire au Balmay (1) : il y alla pour mettre les scellés chez le citoyen Goyffon ; il y cassa plusieurs serrures et enfonça trois à quatre portes, tandis qu'il ne devait qu'y mettre les scellés ; les plaintes du citoyen Goyffon sont au district, et qu'on le fasse venir ; il vous dira la vérité.

Lépely père a été faux et calomnieux dans le tableau qu'il a fait avec ses consorts de diverses personnes ; pour le prouver, il n'y a qu'à confronter ces tableaux avec les pièces contraires des communes des citoyens dont il a fait le tableau.

Signé : A. Chevron.

---

(1) C'est au Chevril, commune de Vieu-d'Izenave, et non au Balmay, au domicile de Thomas Goyffon, arrière-grand-père de celui qui écrit ces lignes, où Lépely brisa les serrures et enfonça les portes. Il comptait sans doute trouver des objets cachés par les Chartreux de Meyriat, dont Thomas Goyffon avait été le notaire. Furieux de sa déconvenue, Lépely, avant de partir, avait écrit à la craie rouge sur la porte de la maison du Chevril : « Thomas Goyffon, nous t'ajournons à huit jours. Signé : Aluitte ».

XXXI

Le 29 fructidor, le Conseil général de la commune de Nantua s'étant assemblé extraordinairement, prit la délibération suivante :

Vu la comparution des citoyens Savarin et Bollache, commissaires nommés par le représentant du peuple Boisset, le 22 du courant, pour prendre des instructions sur la conduite des citoyens Lépely. père et fils. et Secrétan, incarcérés par ordre du même représentant. ladite comparution portant invitation au Conseil général de cette commune de délibérer sur la conduite desdits citoyens ;

Le maire absent, le citoyen Chevron, officier municipal le remplaçant dans ses fonctions, a invité tous les membres à se pénétrer des motifs de la délibération et de se persuader que, si un vrai républicain doit venir au secours de l'innocence, il doit de même dévoiler avec franchise et fermeté tous les reproches qu'il a à faire à un citoyen qu'il présume coupable :

Ouï l'agent national,

Il a été arrêté :

1° Que chaque membre présent émettrait son vœu individuel sur chacun des susnommés détenus ;

2° La discussion ouverte sur le citoyen Lépely fils, il a été arrêté à l'unanimité que n'ayant appris, dès le 26 du courant, aucun fait incivique à lui opposer. il serait délivré aux citoyens Savarin et Bollache copie, tant de la lettre écrite à cette municipalité par ledit Placide Lépely, que de l'attestation qui lui a été accordée ledit jour 26 en conseil général ;

3° Le citoyen François-Emmanuel Secrétan ayant été soumis à l'examen, il a été arrêté de même à l'unanimité que l'on n'avait aucun fait contraire à la révolution contre lui, mais qu'il est reconnu d'un caractère âcre et vindicatif, ainsi qu'il en a donné des preuves fréquentes, même dans le sein de la société populaire de cette commune ;

4° Délibérant ensuite sur le citoyen Lépely père, il a été unanimement arrêté qu'il est constant que cet être a donné, pendant tout le cours de sa vie, des preuves de fourberie, d'intrigue, de souplesse, d'immoralité, prenant tous les moyens pour arriver à son but, ne cherchant qu'à nuire, semant les discordes dans les familles, accaparant les actions d'autrui pour se les rendre personnelles, empruntant le nom de conciliateur pour mieux surprendre la confiance publique et en abuser ;

Qu'en sa qualité de receveur des droits d'onzain dans cette commune, il ne s'est point conformé aux dispositions de l'article de la loi du 29 novembre 1792 (vieux style), qui ne lui accordait que le délai d'un mois pour poser ses comptes, il a toujours éludé ce devoir d'un vrai républicain, malgré la sommation qui lui a été signifiée ;

Qu'il a toujours dominé en cette commune, qu'il la tenait en compression, ainsi que le ci-devant comité de surveillance qu'il avait asservi, etc., etc.

Cette délibération, cruelle pour Lépely père seulement, eut une fâcheuse influence sur l'esprit de Boisset qui ordonna de garder les trois terroristes nantuatiens dans la prison des Claristes, où, du reste, ils ne restèrent pas longtemps, car ils firent partie du convoi qui fut dirigé sur Lons-le-Saunier ; là, ils assistèrent, tremblant d'effroi, à l'assassinat des terroristes bressans Blanq-Desisles, Rollet, Juvanon, Merle, Ducret et Chaigniau.

Pourquoi les anciens amis d'Albitte, d'Hébert et de Robespierre avaient-ils été transportés à Lons-le-Saunier ? Une lettre adressée, le 1er floréal an III, par le citoyen Rousset, agent national du district de Bourg, à son collègue de Nantua, le citoyen Caire, va nous l'apprendre :

Les chefs du terrorisme portèrent à leur tour les fers dont ils avaient chargé l'innocence. Fallait-il les laisser mourir dans la fange et le mépris ? Mais on ne meurt pas dans son élément. Ils devaient d'ailleurs un grand exemple à la société qu'ils avaient cruellement opprimée. Les cris de l'indignation publique retentissaient depuis six mois autour de leur prison : depuis six mois tout le peuple demandait justice de leurs forfaits. Quel tribunal pouvait les juger ? Cependant leur séjour dans les prisons de Bourg devenait de jour en jour plus dangereux : l'indignation publique croissait avec l'espoir qu'ils avaient de l'impunité. Un arrêté des représentants du peuple en mission à Lyon, en date du 26 germinal, ordonna leur translation dans les prisons de Lons-le-Saunier, pour être jugés par le tribunal criminel du département du Jura.

L'agent Rousset ne dit pas toute la vérité : on craignait, d'une part, que la population réactionnaire de Bourg n'envahît les prisons, que, d'autre part, les rares républicains qui restaient encore dans cette ville ne fissent évader les détenus, et on les envoyait dans une ville plus fédéraliste encore, Lons-le-Saunier, qui, réciproquement, envoyait dans le chef-lieu de l'Ain ses terroristes pour qu'ils y fussent jugés.

Trente-six détenus partirent de Bourg le 30 germinal an III. Ils occupaient trois charrettes, sur lesquelles ils étaient étroitement enchaînés avec des chaînes de fer et des cordes de puits. Les trois Nantuatiens étaient dans la dernière charrette : c'est ce qui les sauva ; ils échappèrent aussi au massacre dans les prisons de Lons-le-Saunier, au massacre du 10 prairial suivant, quand dix terroristes qu'on ramenait de Lons-le-Saunier à Bourg furent assassinés près du pont de Junion.

Les fédéralistes se vengeaient cruellement. Les égorgeurs réactionnaires de
cette première terreur blanche firent plus
de victimes que les républicains amis de
Robespierre. Les écrivains qui ont parlé
de ces atrocités ont montré beaucoup
d'indulgence quand il s'est agi des assassins royalistes. Seuls peut-être, M. Chevrier et M. Morellet, père de l'ancien
sénateur de l'Ain, furent impartiaux. On
a voulu disculper les royalistes qui, sous
les noms de Compagnons de Jéhu, com-
mençaient par l'assassinat, avant que de
finir par le vol à main armée sur les
grandes routes. On a accusé la populace
de Bourg, exaspérée par les excès de
Javogues, d'Albitte et de Meaulle, d'a-
voir donné le signal du massacre ; on a
même dit que les canonniers et que les
gendarmes de l'escorte s'étaient joints
aux meurtriers ; or voici un fait qui
prouvera que ce furent les royalistes
organisés en bande qui durent être rendus responsables des massacres de l'allée
de Challes, des prisons de Lons-le-Saunier et du pont de Junion :

Secrétan et Lépely père et fils avaient
été ramenés dans la prison de Nantua,
où, en compagnie d'autres moins compromis, ils vivaient dans des transes
continuelles, où ils se souvenaient des
scènes terribles auxquelles ils avaient
assisté, des égorgements auxquels ils
avaient échappé. A Bourg, tous les terroristes, encore détenus dans les prisons
des Claristes, avaient, dit M. Philibert
Le Duc, fait amende honorable, « car
non-seulement les détenus, mais encore

leurs gardiens, redoutaient les terribles
vengeurs de la société ».

Le 20 prairial an III, trois officiers
municipaux de Nantua et le procureur
de la République, informés de l'évasion
de plusieurs détenus, se rendent à la
prison vers dix heures du soir, frappent
inutilement à la porte principale, font
appeler le lieutenant de gendarmerie,
frappent de nouveau à coups redoublés
sans qu'on leur ouvre, contournent la
maison pour pénétrer par la porte donnant sur le jardin et trouvent, dans ce
jardin, les nommés Secrétan et Gay, qui
leur font la déclaration suivante :

« Nous avons cru que les autres détenus étaient sortis accompagnés du
concierge sur le bruit qui s'était ré-
pandu dans la prison qu'il était arrivé
en cette commune un détachement de la
compagnie dite *de Jésus* que l'on dit se
porter dans les maisons d'arrêt pour y
égorger les détenus ».

Les officiers municipaux voulant s'assurer du fait pénétrèrent dans la maison
d'arrêt pour la visiter. Ils firent appeler
le nommé Martin Linky, serrurier, qu'ils
obligèrent à forcer la principale porte
d'entrée de la prison. La porte ouverte,
les officiers municipaux entrèrent, visi-
tèrent les différentes chambres et notamment celle habitée par les détenus, dans
laquelle ils ne trouvèrent personne. « De
là, ajoute le procès-verbal, nous sommes
descendus pour entrer dans l'appartement
du concierge, que nous avons trouvé
fermé, et au moment est survenue la
femme d'icelui, qui nous a remis les clefs.

Ouverture faite, nous n'y avons également trouvé personne. Nous lui avons alors demandé où étoient les détenus ainsi que son mari ; à quoi elle a répondu qu'elle croyoit que son mari, ainsi que les détenus, étoient sortis pour aller chercher un asyle, dans la crainte d'être égorgés par des individus que l'on disoit être arrivés dans cette commune, et qu'elle présumoit qu'ils rentreroient tous à la première aurore.

» Nous avons, à l'instant, enjoint à ladite femme du concierge de veiller à la garde desdits Gay et Secrétan, qui sont rentrés dans ladite maison d'arrêt, ainsi qu'à celle de dix déserteurs, de deux fous et d'une femme ayant un enfant à la mamelle, qui sont renfermés dans les autres appartements de ladite maison....

» Fait à Nantua, en la maison commune, à deux heures du matin. »

Signé : Le lieutenant de la gendarmerie nationale, Daubarède ; Lynki, Barbe, Allegret, Guichon, officiers municipaux ; Blanc, procureur de la commune.

Le lendemain, dans la matinée, les officiers municipaux se rendirent de nouveau à la maison de détention où ils trouvèrent cette fois le concierge François-Marie Humbert qui leur fit la déclaration suivante :

Ledit Humbert nous a répondu que le jour d'hier, sur les neuf heures et demie de relevée, les détenus ayant entendu dire qu'ils devaient être égorgés pendant la nuit, ils lui proposèrent de les laisser sortir, et que lui-même, dans ce moment, entendit dans le dehors du bruit qu'il crut être un cri de ralliement ; que, sur les prières des détenus, il les laissa sortir par derrière et sortit lui-même avec eux, et les accompagna jusqu'au bas de la forêt des Monts-d'Ain, où ils ont passé la nuit ; qu'ils sont tous rentrés ce matin, à l'exception des citoyens Treppoz et Martel, qu'on lui a dit être dans le bois appartenant à la citoyenne Maurier, et qu'ils ne tarderont pas à revenir. Nous avons de suite fait appeler les détenus, et ils se sont tous présentés, à l'exception des citoyens Treppoz et Martel, dont il vient d'être parlé. Les détenus ont dit qu'effectivement, sur l'avis qui leur avait été donné qu'ils devaient être égorgés pendant la nuit, et d'après un bruit qu'ils entendirent, qu'ils ont cru être un cri de ralliement, et être le même que les citoyens Lepely et Secrétan prétendent avoir entendu dans la maison d'arrêt de Lons-le-Saunier, ils sortirent, le jour d'hier, sur les neuf heures et demie du soir, accompagnés du concierge, et se rendirent au bas de la forêt des Monts-d'Ain, où ils ont passé la nuit, à l'exception des citoyens Secrétan et Gay, qui revinrent dans la maison d'arrêt.

Les officiers municipaux n'insistèrent pas ; sans doute ils étaient comme les détenus qui continuèrent, sans qu'ils en fussent empêchés, leurs sorties nocturnes, convaincus que les compagnons de Jéhu, dont Secrétan et les deux Lépely avaient entendu le cri de ralliement avant le massacre dans la prison de Lons-le-Saunier, viendraient, une nuit ou l'autre, égorger les terroristes enfermés dans la prison de Nantua. Etienne Lépely père et Jean-Baptiste Treppoz s'évadèrent même définitivement dans la nuit du 1er au 2 messidor suivant, et on ne fit rien pour les retrouver. C'est qu'on redoutait la vengeance des terroristes blancs, de ces terribles « vengeurs de la société », — comme ils s'appelaient, » — dont le *hou-hou* sinistre faisait passer les prisonniers républicains par mille transes, comme il effrayait les gardes nationaux envoyés dans les chemins creux du bocage vendéen.

XXXII

On a beaucoup dit et beaucoup écrit sur les *Compagnons de Jéhu*. Les romanciers les ont poétisés, et les historiens ont eu, — nous l'avons dit plus haut, — pour eux beaucoup trop d'indulgence. C'étaient en somme des gens de sac et de corde qui avaient commencé par l'assassinat et qui finirent par le vol sur les grandes routes.

Charles Nodier, qui fut enfermé dans la prison de Besançon en même temps que les bandits emprisonnés à la suite de l'affaire de Silan, prétend, dans ses *Souvenirs de la Révolution et de l'Empire,* qu'en arrêtant les diligences et en dévalisant les voyageurs, les défenseurs du trône et de l'autel faisaient œuvre pie.

« On organisa, dit-il, des bandes ou des compagnies chargées de l'enlèvement des recettes et de l'attaque des transports de fonds publics. Je suis obligé de déclarer que cette mesure étant la seule qu'il fût possible de pratiquer, je la trouve très naturelle. Dans un état de guerre civile, la spoliation de la diligence du trésor public n'est pas un crime caractérisé par les lois ordinaires. C'est une opération et, suivant les cas, un fait d'armes »...

Charles Nodier ignorait sans doute que, dans leur dernière *opération* du col de Silan, ces co-détenus avaient volé non pas le trésor public, mais des bijoux appartenant à des négociants de Genève et de l'argent destiné à des banquiers lyonnais.

Du reste, Dumas en a dit bien d'autres, dans les quatre volumes de son roman où il a délayé le procès-verbal du procureur Melchior Bonifax. Ces conspirateurs titrés étaient réellement des fils de bouchers ou d'épiciers qui, perdus de dettes, s'étaient jetés dans la réaction et avaient montré leur savoir-faire en massacrant à Lyon, dans la seule nuit du 4 mai 1795, quatre-vingt-quatre détenus soupçonnés de jacobinisme. C'est de ces chevaliers errants dont parlait Chénier dans un rapport fait à la Convention nationale, à la séance du 6 messidor an III.

« Une association de scélérats ligués pour le meurtre s'est organisée à Lyon ; cette compagnie, mêlant les idées religieuses aux mots de justice et d'égalité, se fait appeler Compagnie de Jésus : c'est elle qui rappelle à grands cris les émigrés et qui égorge les prisonniers. »

Nous ne voulons pas parler ici des arrestations commises par les compagnons de Jéhu sur différentes routes du département de l'Ain ; nous ne nous occuperons que de l'affaire de Silan qui fut la dernière des quatre compagnons Hivert, Guyot, Amiet et Leprêtre.

Dans la nuit du 25 au 26 ventôse an VIII arrivait au col de Silan, à l'endroit où la route était bordée d'un côté par des buis, des ronces et des sapins, de l'autre par un talus abrupt, la diligence des messageries Gaillard allant de Genève à Lyon. Autour de cet endroit admirablement disposé pour une embuscade s'étaient cachés quatre compagnons de Jéhu venant de Charix où ils avaient été vus la veille et où on les avait entendu s'informer avec soin de l'heure à laquelle passait la diligence de Genève près du lac de Silan.

Ces compagnons, d'après la tradition, se voyant en si petit nombre avaient placé, sur la route, des mannequins afin que le postillon et les voyageurs fussent persuadés qu'ils avaient affaire à un groupe de gens en force et bien armés.

Il était, dit le procès-verbal, sur l'heure environ de minuit et demi ; les voleurs se précipitèrent sur la diligence, cassèrent le reverbère de la voiture avec le bout d'un fusil, éteignirent la lumière, firent ensuite descendre le postillon et les voyageurs de la voiture, les conduisirent à environ vingt pas de là, les firent asseoir par terre, leur lièrent les mains derrière le dos et les jambes croisées avec des cordes, et ils furent gardés à vue par deux voleurs armés de fusil. Ces voyageurs étaient au nombre de six, savoir :

Paul Tribert, payeur général à l'armée d'Italie ; Xavier Espoulier, sous-lieutenant à la 56ᵐᵉ demi-brigade ; François Alamand, commis-négociant à Genève ; Alexandre-Louis Février, négociant à Lausanne ; Louis Liodet, négociant à Genève, et Jean-Joseph Jindre, marchand aux Rousses, qui se jeta dans le bois bordant la route et parvint à gagner le village des Neyrolles sans que les voleurs l'aient aperçu. Le postillon s'appelait Ducret, il était originaire de Champfromier ; le conducteur s'appelait Michel Rémond.

Cependant les deux autres compagnons se saisissaient du conducteur de la diligence, l'obligeaient à remettre les clés du caisson de la voiture, que du reste ils ne purent ouvrir. Alors l'un d'eux, un poignard à la main, força le conducteur d'ouvrir lui-même « la vache » qui couvre le talon de la voiture dans lequel étaient renfermées des caisses de sapin contenant des groupes d'or, d'argent et de la bijouterie.

Ensuite ils garrottèrent le conducteur près des autres voyageurs, enfoncèrent à coups de hache les caisses d'où ils enlevèrent l'or et les objets à leur convenance, puis disparurent au signal donné par leur chef qui avait crié « A cheval ! »

Après le départ des bandits, les voyageurs purent se débarrasser de leurs liens et faire une visite minutieuse de la diligence où ils trouvèrent encore des montres et un havresac contenant une grosse somme d'argent.

Antoine-Michel Rémond, conducteur de la diligence, arriva à Nantua vers les deux heures du matin et vint déclarer au juge de paix Guichon qu'après avoir fait le recensement des objets énoncés sur la feuille de rechargement qui lui était confiée, il s'était aperçu que neuf des articles portés sur cette feuille avaient été la proie des voleurs qui avaient en réalité dérobé une somme de vingt-quatre mille francs et des caisses contenant de l'horlogerie et de la bijouterie. Dix-sept mille quatre cents francs en or, trois mille quatre cent trente-huit francs en argent et quelques montres avaient échappé à leurs investigations.

Immédiatement la garde nationale de Nantua se mit à la poursuite des voleurs et découvrit, sur le col de Silan et dans les bois environnants, des armes et plusieurs objets que les compagnons avaient dû abandonner dans leur fuite.

Dans la matinée du même jour, on découvrit, dans le bois communal de Samognat appelé Lonchon, différents autres objets. Alors le commissaire du gouvernement, le citoyen Nicod, d'Arbent, du canton de Sonthonnax, rassembla les gardes nationales de son canton qui se mirent à la poursuite des bandits dont trois furent arrêtés au hameau de Corcelles, territoire de Matafelon. Le quatrième compagnon, Leprêtre, fut arrêté dans une maison de la rue du Bœuf, à Lyon.

Nous ne parlerons pas du procès des

compagnons de Jéhu, nous renverrons les lecteurs à la brochure très intéressante et très documentée de notre érudit compatriote, M. Ernest Cuaz, conseiller honoraire à la Cour d'appel de Lyon; disons seulement que Guyot, Amiet, Hyvert et Leprêtre furent conduits à Besançon pour y passer en conseil de guerre. Ramenés à Nantua où leur affaire fut instruite, conduits enfin à Bourg où ils passèrent en jugement d'après l'ordre du ministre de la justice qui considéra comme abrogée la disposition de la loi qui soumettait leur crime à la juridiction militaire, tous quatre furent condamnés à mort et tentèrent de se suicider dans la cour de la prison à l'aide de poignards fournis par leurs maîtresses, — Babet Chambard, fille d'un médecin, et la femme du geôlier. Trois réussirent. Amiet monta avec une lame de poignard dans la poitrine sur l'échafaud où l'on décapita indistinctement les morts et le blessé.

N'insistons pas. Tout ce qu'on a écrit d'autre part sur les exploits des compagnons de Jéhu dans notre région reste du domaine du roman et de la légende. Aussi bien cette dame dont parle Charles Nodier qui s'évanouit en pensant que les voleurs vont faire un mauvais parti à son jeune fils, lequel, seul courageux parmi les voyageurs tremblant d'effroi dans l'étroite tranchée du col de Silan, a saisi un pistolet dans la poche du postillon et a fait feu sur les hommes masqués qui viennent d'arrêter la diligence.

Alors un bandit intervient. C'est Hyvert, l'Achille et le Pâris de la bande. Il protége l'enfant, il fait respirer des sels à la mère et félicite celle-ci du courage de son fils. Du reste, il devait être cruellement puni de sa générosité. Devant le tribunal de Bourg, où l'on a entendu cent faux témoins pour établir un alibi qui sauvera les accusés, la mère croyant être utile au compagnon de Jéhu qui protégea son fils, avoue ingénûment qu'elle le reconnaît et le fait condamner à mort. « Hyvert, une autre fois, tu seras moins galant », s'écrie Leprêtre.

A Silan, où Hyvert a été galant, Leprêtre se montre généreux : il donne un écu de six livres au postillon pour qu'il boive à la santé du roi ; tandis qu'Amiet discute courtoisement avec l'un des voyageurs qu'il vient de dépouiller et termine en disant : « Voyez-vous, monsieur, nous ne reprendrons jamais à cette gueuse de République tout ce qu'elle nous a pris ».

Voilà, certes, des bandits d'opéra-comique, dont s'inspira sans doute M. Scribe quand il composa le livret de *Fra Diavolo*.

Malheureusement pour la mémoire de ces défenseurs du trône et de l'autel, l'histoire impartiale a remis au point les écarts d'imagination du romancier. M. Cuaz a été assez heureux pour trouver un témoin de l'exécution des quatre compagnons qui arrêtèrent la diligence au col de Silan et qui lui communiqua la note suivante :

Les faits dont je me souviens le mieux, qui m'ont le plus frappé et qui sont restés le plus profondément gravés dans ma mémoire sont ceux-ci :

J'avais huit ans lorsque l'exécution a eu lieu. A cette époque les exécutions se faisaient au bas du Bastion à onze heures du matin.

Le 19 octobre 1800, dès dix heures, la place de la prison était déjà envahie par une foule plus nombreuse que d'habitude, parce que l'on connaissait en ville le drame qui avait eu lieu dans la prison, le suicide des condamnés que chacun commentait à sa manière. On ne pouvait comprendre comment à un moment donné ils avaient pu se trouver nantis des couteaux ou poignards dont ils avaient fait usage et que, suivant les uns, ils avaient trouvés dans les pains que l'on distribuait aux prisonniers ; que suivant d'autres, au contraire, ils tenaient de la femme du concierge.

Ce qui accréditait ces on-dits ou ces diverses versions c'est qu'une nommée Babet Chambard, fille d'un médecin de Bourg et amie de la femme du concierge de la prison, passait aux yeux de tout le monde pour l'amante d'un des prisonniers ; la concierge jeune alors et assez jolie passait également pour être celle d'un autre des condamnés.

C'est par une pierre lancée de la rue dans la cour, la nuit qui précédait l'exécution, qu'ils apprirent le rejet de leur pourvoi et par conséquent le jour de leur exécution ; les prisonniers qui ne pouvaient se voir mais bien s'entendre de leurs cellules ou cabanons, après s'être demandés s'ils étaient prêts et sur les réponses affirmatives, l'un d'eux compta à haute voix jusqu'au nombre trois et c'est à ce dernier nombre qu'ils se frappèrent simultanément.

Trois tombèrent, le quatrième après s'être frappé plusieurs fois resta debout, et, tournant le poignard dans sa poitrine, s'écriait : « Mais je n'ai donc point de cœur ! »

A onze heures, ces cadavres ensanglantés sortirent de la prison, le survivant porté par l'exécuteur et ses aides, les autres trainés par les jambes et leurs têtes frappant l'escalier, tous placés sur une voiture arrivèrent sur la place et furent exécutés, le survivant le premier.

A cette époque, on faisait parcourir au patient le trajet de la prison au Bastion en descendant par le Greffe, la rue d'Espagne, dite Grand'rue, la place d'Armes et la rue Crève-Cœur ; mais ce jour-là, par dérogation, ils furent conduits de la prison au lieu de l'exécution par le trajet le plus direct.

On a toujours pensé que les quatre condamnés avaient constamment caché leurs véritables noms, on a toujours prétendu qu'ils appartenaient à de nobles et riches familles.

Nous avons insisté sur l'histoire des compagnons de Jéhu qu'on raconte en-

core dans notre Bugey, autour du feu
de la veillée ; nous avons aussi tenu à
mettre en garde contre les récits fan-
tastiques le voyageur qui passe sur le
col de Silan et à qui on montre une niche
où fut une madone et une croix gravée
dans le roc, pour marquer l'endroit où
eut lieu la dernière opération des compagnons de Jéhu.

Avant de terminer ce premier volume,
nous voulons dire quelques mots d'un
homme qui joua un grand rôle dans notre
pays, qui fut un homme intègre, qui ne
connut pas les compromissions et qui
mourut comme il avait vécu, en républicain.

Grégoire-Marie Jagot naquit à Nantua,
le 21 mai 1750. Il fit ses études au
collège de cette ville, étudia le droit à
Dijon et était juge de paix lorsqu'en
1791, ses concitoyens le nommèrent à
l'Assemblée législative.

On a vu, au cours de cet ouvrage,
qu'envoyé en Savoie pour organiser le
département du Mont-Blanc, il ne put
voter la mort de Louis XVI, mais que le
13 janvier 1793, il signa avec ses trois
collègues en mission, l'abbé Grégoire,
l'abbé Simon et Hérault de Séchelles,
la déclaration suivante qui fut adressée
à la Convention, puis insérée dans le
Moniteur du 24 janvier :

Nous apprenons par les papiers publics que la Convention nationale doit prononcer demain sur Louis
Capet. Privés de prendre part à vos délibérations,
mais instruit par une lecture réfléchie des pièces im-
primées et par la connaissance que chacun de nous

avait acquise depuis longtemps des trahisons non interrompues de ce roi parjure, nous croyons que c'est un devoir pour tous les députés d'annoncer leur opinion publiquement et que ce serait une lâcheté de profiter de notre éloignement pour nous soustraire à cette obligation.

Nous déclarons donc que notre vœu est pour la condamnation de Louis Capet par la Convention nationale, sans appel au peuple.

Nous proférons ce vœu dans la plus intime conviction à cette distance des agitations où la vérité se montre sans mélange et dans le voisinage du tyran piémontais.

Le 14 septembre 1793, Jagot fut nommé membre du Comité de sûreté générale, qui le chargea de sa correspondance. Une lettre lui parvint ; elle émanait d'un prisonnier qui promettait, en échange de sa liberté, de faire connaître le détenteur du célèbre diamant, le régent, qui avait disparu lors du pillage du garde-meuble. Jagot se rendit près du détenu et parvint à découvrir la pierre précieuse qu'il vint déposer lui-même à l'hôtel de ville, ainsi que le constate un procès-verbal. Les administrateurs félicitèrent Jagot de cet acte de patriotisme et de haute probité ; le régent valait plusieurs millions et aurait pu tenter plus d'un homme cupide ; Jagot répondit par cette lettre :

Citoyens.

J'ai reçu votre lettre de félicitations. Il faut donc que la vertu soit bien rare en France pour que l'on adresse des louanges et des remercîments à un citoyen qui n'a fait que son devoir.

Salut et fraternité.

G. JAGOT.

Ce fut cet homme que les réactionnaires firent emprisonner, à la suite de l'insurrection du 20 mai 1795. Le crime qu'on lui reprochait n'était pas grand ; on l'accusait d'avoir soustrait au Comité de sûreté générale des pièces compromettantes pour ses amis, les républicains de l'Ain.

Jagot resta en prison jusqu'au 26 octobre 1795 ; il en sortit, mais, désabusé, écœuré de voir le Directoire suivre une ligne politique opposée à ses idées ; il se retira d'abord à Nantua, puis à Toul, où il mourut le 24 janvier 1838, à l'âge de 87 ans.

Un jour, peut-être, songera-t-on au républicain intègre que fut le conventionnel Grégoire Jagot et donnera-t-on son nom à une rue de Nantua, sa ville natale.

OUVRAGES DU MÊME AUTEUR

HISTOIRE

Baccon-Tacon.
Les Vieilles Villes du Bugey.
Pendant la Révolution.

DIX ÉPOQUES

Une Révolte de Bourgeois (1664).
La Main-morte (1680).
Le Sire de Geilles (1700).
Le Fief de Giriat (1789-1813).
Les Garçons de la Frontière (1793).
Cousinette (1830).
Mil huit cent quarante-huit (1848).
Vieille Race (1860).
Ma Sœur Edith (1871).
Le Roman de Colette (1882).

NOUVELLES ET LÉGENDES DU HAUT-BUGEY

Madame Bonconseil.
Léonide Didier.
La Côtière.
Ma Cousine Adrienne.
Simone (Musée des Familles).
Les Forestiers.
Les Barthélemy de Nantua.
Joseph Equidem.
Blaise le Peigneur de Chanvre.
Le Fils Malouère.
Chronique de Noël (Annales de la Société
    d'Emulation de l'Ain).
L'Enfant.
Les Caladois.
La Conquête de la Franche-Comté.
Du tac au tac.
Frère Jehan de Plagnes.
Au temps des Croisades.
Yves Tantaine.
Les Souliers de Saint Crépin.